SPATIAL
ECONOMETRICS

空间计量经济学教程

周杰文　许水平　付　智　等　◎编著

中国财经出版传媒集团
经济科学出版社
Economic Science Press

图书在版编目（CIP）数据

空间计量经济学教程/周杰文等编著．－－北京：
经济科学出版社，2023.4
ISBN 978－7－5218－4695－9

Ⅰ.①空…　Ⅱ.①周…　Ⅲ.①区位经济学－计量经济
学－高等学校－教材　Ⅳ.①F224.0

中国国家版本馆 CIP 数据核字（2023）第 064925 号

责任编辑：于　源　陈　晨
责任校对：王肖楠
责任印制：范　艳

空间计量经济学教程

周杰文　许水平　付　智　等编著
经济科学出版社出版、发行　新华书店经销
社址：北京市海淀区阜成路甲 28 号　邮编：100142
总编部电话：010－88191217　发行部电话：010－88191522
网址：www.esp.com.cn
电子邮箱：esp@esp.com.cn
天猫网店：经济科学出版社旗舰店
网址：http://jjkxcbs.tmall.com
北京密兴印刷有限公司印装
787×1092　16 开　13.5 印张　260000 字
2023 年 4 月第 1 版　2023 年 4 月第 1 次印刷
ISBN 978－7－5218－4695－9　定价：58.00 元
（图书出现印装问题，本社负责调换。电话：010－88191545）
（版权所有　侵权必究　打击盗版　举报热线：010－88191661
QQ：2242791300　营销中心电话：010－88191537
电子邮箱：dbts@esp.com.cn）

前　言

　　本书根据高等院校培养综合型交叉学科本科人才的发展目标编写，介绍空间计量经济数据模型的基本知识。本书主要包含空间计量经济学概况与数据基础、空间数据分布、空间截面数据模型、静态空间面板数据模型和动态空间面板数据模型等五部分的内容。各部分在逻辑上是递进的，后面部分的知识建立在前面部分的基础上。空间数据分布主要为空间计量分析提供基础支撑，衡量是否存在空间非随机性。空间截面数据模型主要是在常用的横截面数据模型的基础上考虑因变量、自变量和误差项的空间效应。而静态空间面板数据模型则在空间截面数据模型的基础上加入时间维度。动态空间面板数据模型则是在空间面板数据模型的基础上考虑自变量、因变量和误差项的时间滞后问题。

　　具体而言，空间计量经济学概况与数据基础部分主要介绍了空间计量经济学的基本内容、发展历史和空间数据的特性等内容。空间数据分布部分介绍了空间数据的地图化、作为过程结果的地图、空间数据的点模式分析、面对象和空间自相关、局域统计、场的描述和分析等内容。空间截面数据模型部分主要包含空间线性回归数据模型总概、空间计量模型选择、基本空间模型、直接效应和间接效应和地理加权回归模型等内容。静态空间面板数据模型部分主要包含基本空间面板数据模型概况、空间面板滞后模型、空间面板误差模型、空间面板模型的选择问题、空间面板杜宾模型和空间面板杜宾误差模型、直接效应和间接效应、高级空间面板数据模型等内容。动态空间面板数据模型部分主要介绍了基本动态空间面板数据模型。

　　本书内容较为丰富、结构合理、逻辑明晰、针对性强，能力培养目标明确。读者通过本书的实验后，能够较好地掌握空间计量分析的基本知识和相应操作。本书可作为计量经济学、空间统计学、地理信息系统、计算机科学与技术、遥感科学与技术、地理科学等相关专业学生的教科书，同时也适合于从事空间计量经济学、地理信息系统应用的人员参考。

本书由南昌大学的周杰文、许水平、付智等老师完成。在写作过程中得到了单位领导和同仁的热情帮助和支持，在此表示衷心的感谢！本书的写作参考了部分同行专家的著作和成果，在此对他们表示衷心的感谢！本书是南昌大学研究生院资助教材，在此表示衷心的感谢！还要感谢经济科学出版社编辑们的辛苦付出，让这本书有与读者见面并听取批评的机会。

由于时间仓促，加之作者的水平有限，书中难免有遗漏和不足之处，恳请同行专家和广大读者批评指正。

编者

2023 年 4 月

目　录

第 1 篇　空间计量经济学概况与空间数据基础

第 1 章
绪　　论

1.1　空间计量经济学及其基本内容

空间计量经济学以统计学、计量经济学、经济学、地理学、地理信息系统（GIS）甚至计算机编程等多种学科为基础，运用这些学科的方法与电脑技术，建立空间计量模型，定量分析研究具有空间特性的经济变量关系的一门学科。它是交叉学科中的典型范例。

1988 年，卢卡·安瑟林（Luc Anselin）出版了里程碑式的学术著作《空间计量经济学：方法与模型》（*Spatial Econometrics：Methods and Models*）。自此之后，空间计量经济学的理论发展和实证应用不断涌现。空间计量经济学模型已成为学术研究和定量分析空间数据的一把利器。

在使用和应用中，空间计量经济学主要涉及以下内容：空间数据操作、空间数据分析、空间统计分析、空间建模。

1.1.1　空间数据操作

主要出现在 GIS 中。一般包括缓冲区分析，包含分析，相交分析，叠加分析，距离、面积、路径计算，以及基于空间关系的空间查询等简单的数据分析功能。GIS 的空间分析操作主要基于地理对象的几何特征，对于属性描述则主要表现在可视化的制图方面。这为空间计量分析提供直观感觉和基本的指标支持。

1.1.2　空间数据分析

一般指对空间数据的描述性和探索性分析技术和方法，是所有空间计量分析过程中的一个重要步骤，特别是对于规模庞大的数据集，通过将数据图形化或地图化的探索性分析技术，研究数据中潜在的模式、异常等，为后续的分析作准备。

1.1.3　空间统计分析

用统计的方法描述和解释空间数据的性质以及数据对于统计模型是否典型或是否如所期望。这里的统计方法是与传统的统计模型完全不同的空间统计方法。地理学家很早就注意到了空间数据所描述的地理现象是空间相关的，这一特征违背了传统统计理论关于独立性的假设，因此需要不同的统计分析方法来测度空间相关性并对数据进行统计分析，发展了专门用于空间数据计量分析的空间统计方法。

1.1.4　空间建模

空间计量建模主要包括构建模型预测空间过程及结果。在研究中，根据某些理论和假设，建立模型描述现象的分布模式和动态过程是相当普遍的研究方法，例如描述人和货物流动的空间相互作用模型，根据人口分布的服务设施区位分析和选址模型等。空间建模技术是空间计量分析的深入发展。

在实际的经济研究及相关研究中，基本上都包括了空间计量分析的这 4 个方面。数据在 GIS 环境中存储并可视化；描述和探索性的数据分析技术提出问题并建议相应的分析理论或模型；在此基础上通过空间统计方法建立空间统计模型；或在理论指导下对特定的问题进行空间建模分析和预测。

综上所述，空间计量分析是基于经济数据的空间性，通过可视化、度量、统计分析和建模等手段来研究经济对象或现象的空间分布模式、空间上的动态演化过程和空间相互作用规律，发展、检验和创新经济模型，创新经济知识。空间效应的处理是空间计量分析的基础，是其区别于经典计量分析的本质特征。空间计量分析在本质上是对空间区位作用的可视化分析和量化研究，更深的是对空间互动效应或空间溢出效应进行识别、测度与建模。

1.2　空间计量经济发展历史

安瑟林（Anselin，2010）在他的论文《空间计量经济学的三十年》

（*Thirty Years of Spatial Econometrics*）中回顾了空间计量经济学在 1979 ~ 2009 年这 30 年的发展脉络，把空间计量经济学划分为以下三个发展阶段。

1.2.1 预备阶段

20 世纪七八十年代是空间计量经济学的预备阶段，主要有两类不同学科背景的学者在进行研究。第一类学者是地理学者，这很容易被联想到，这是因为对地理空间的理解和把握是地理学者天然的优势。空间计量经济学，或者在这里应该称为空间分析，主要得益于数量方法在地理学中的应用和发展。在这种数量方法的协助下，很多学者开展了对空间分析的研究。例如，贝里等（Berry et al. , 1968）、库里（Curry, 1970）、古尔德（Gould, 1970）等。在 20 世纪 70 年代中叶，这些数量地理学者研究的问题也开始逐渐转向了空间模型的设定和估计等方面。第二类学者是研究区域科学和区域与城市经济学的学者。由于学科的研究视角是基于区域或者空间的，因此，在这种学科背景下，区域科学的学者开始考虑将空间效应纳入空间模型中。然而，在该时期内仍然没有明确的回归模型可以清晰地描述空间交互效应。直到佩林克和尼坎普（Paelinck and Nijkamp, 1975）明确地提出了区域科学需要具有可操作性的空间计量模型，由此，学者们开始进行纳入空间交互效应模型的研究。

在此期间，有关空间效应的讨论主要集中在空间自相关关系方面。从克利夫和奥德（Cliff and Ord, 1973）的开拓性著作《空间自相关》到阿罗拉和布朗（Arora and Brown, 1977），他们的著作中广泛地讨论了空间自相关的问题。一直到 20 世纪 80 年代初期，出版了很多有关空间分析的著作，这大大促进了空间计量经济学方法的发展。但大多数学者的工作仍然是从一般的角度来分析空间数据，而不是从计量经济学的角度。

空间计量经济学发展过程中最值得强调的是克利夫和奥德（Cliff and Ord, 1972）发表在《地理分析》（*Geographical Analysts*）上的论文《回归残差的空间自相关检验》（*Testing for Spatial Autocorrelation among Regression Residuals*）。在这篇论文中，他们讨论了 Moran's I 统计量可以用于检验普通最小二乘法（ordinary least squares, OLS）回归模型的残差是否存在空间自相关的问题。这篇论文可以看作是空间计量经济学发展的奠基性文章。随后，奥德（Ord, 1975）在论文中提出了空间滞后模型和空间误差模型，这可以看作是空间计量经济学模型设定的奠基之作。

1981 年，克利夫和奥德（Cliff and Ord, 1981）出版的《空间过程：模型与应用》（*Spatial Processes：Models and Applications*）一书使得空间计量经济学受到了更多学者的关注。在 20 世纪 80 年代期间，大批学者对空间计量经济学展开研究，大大扩展了空间计量模型的设定。比如，海宁（Haining，1978）提出了空间移动平均模型（spatial moving average model）；布兰德斯马和凯特拉珀（Brandsma and Ketellapper，1979）提出了双参数模型（bi-parametric model）；福尔默和范德克纳普（Folmer and van der Knaap，1981）将空间相关性引入了线性的结构方程模型（structural equation model）；卡塞蒂（Casetti，1972；1986）将空间异质性引入了计量模型，提出了空间扩展模型（spatial expansion model）；福斯特和戈尔（Foster and Gorr，1986）提出了适应性空间过滤模型（adaptive filtering model）。

20世纪80年代期间，空间计量经济学模型的估计方法也有了长足的发展。奥德（Ord，1975）在论文《空间交互模型的估计方法》（*Estimation Methods for Models of Spatial Interaction*）中首次采用了极大似然估计方法对空间计量模型进行估计。但是，同时代也有其他学者提出了不同的回归估计方法，比如马丁（Martin，1974）提出了空间差分（spatial differencing）的方法；赫普（Hepple，1979）提出了贝叶斯方法（Bayesian method）；安瑟林（Anselin，1980）提出了工具变量法（instrumental variable）。虽然有众多回归估计方法被提出，但是极大似然估计方法目前仍然是空间计量经济学模型回归估计中最为常用的方法。

1.2.2　起飞阶段

20世纪90年代进入了空间计量经济学发展的第二个阶段。在这一时期，学者们的兴趣已经开始转到具体的空间计量经济学模型设定的研究上，如格蒂斯（Getis，1990）和蒂费尔斯多夫和格里菲斯（Tiefels-dorf and Griffith，2007）等，并且空间计量经济学模型已经被广泛地应用在实证分析领域。另外，值得一提的是，1996年芝加哥大学著名的理论计量经济学中心为两位博士康利（Conley，1996）和托帕（Topa，1996）颁发了空间计量经济学的博士学位。

这一时期空间计量经济学模型估计量的渐进性和相应的检验更加规范。例如，安瑟林等（Anselin et al.，1996）提出了稳健性的拉格朗日乘子检验（Lagrange multiplier test），用于在实证分析中选择空间计量经济学模型。

在模型设定方面，有限因变量模型（limited dependent variable model）也逐渐被纳入空间效应，如空间 Probit 模型（Case，1991；McMillen，1992；Pinkse and Slade，1998）。空间异质性在这个时期也被纳入了空间模型中。其中，最著名的就是地理加权回归模型（geographically weighted regression，GWR）的建立（Fotheringham，1997；Fotheringham et al.，1998；Fotheringham and Brunsdon，1999）。斯图尔特·福瑟林汉姆（Stewart Fotheringham）

是地理加权回归模型最主要的贡献者。此外，在这个时期内，贝叶斯方法（Bayesian）、马尔可夫链蒙特卡洛方法（Markov chain Monte Carlo，MCMC）和吉布斯抽样（Gibbs sampler）方法也得到了长足的发展。

空间计量经济学模型的实证分析离不开软件的实现。在这一时期内，能够估计空间计量经济学模型的软件也逐渐涌现了出来，其中最著名的首推安瑟林（Anseln，1992）发布的免费软件 DynESDA。随后，商业软件 S－Plus 推出了 SpatialStats 模块，以及勒沙杰和佩斯（LeSage and Pace）基于 MATLAB 语言编写了功能较为完整的空间计量经济学工具箱。

1.2.3　成熟阶段

进入 2000 年之后，空间计量经济学的发展进入了第三个阶段。其中，一个历史节点是 2006 年，在这一年，空间计量经济学领域内的著名学者们促成了空间计量经济学协会（Spatial Econometrics Association）的正式建立。另外，在这个时期内，空间计量经济学模型已经成为主流实证研究中的重要方法之一。加之空间计量经济学模型回归估计软件的成熟，以及空间计量经济学教科书的出版，涌现出了大量的实证研究论文。这一时期最有影响力的空间计量经济学教科书有：

①海宁（Haining，2003）编写的《空间数据分析：理论与实践》（*Spatial Data Analysis：Theory and Practice*）。

②班纳吉等（Banerjee et al.，2014）编写的《分层模型与空间数据分析》（*Hierarchical Modeling and Analysis for Spatial Data*）。

③格蒂斯等（Getis et al.，2004）编写的《空间计量经济学与空间统计学》（*Spatial Econometrics and Spatial Statistics*）。

④阿比娅（Arbia，2006）编写的《空间计量经济学：区域收敛研究中的统计基础及应用》（*Spatial Econometrics：Statistical Foundations and Applications to Regional Convergence*）。

⑤勒沙杰和佩斯（LeSage and Pace，2009）编写的《空间计量经济学导论》（*Introduction to Spatial Econometrics*）。

⑥阿比娅和巴塔赫（Arbia and Baltagi，2009）编写的《空间计量经济学：方法与应用》（*Spatial Econometrics：Methods and Applications*）。

在这一时期内，空间计量经济学一个最显著的发展就是空间面板数据模型（spatial panel data model）理论的发展和大量的实证应用的出现。由于面板数据相对截面数据更为复杂，因此，空间面板数据模型面临着更多的问题，这既是挑战，又是机遇。并且，可以看得到的是，越来越多的实证分析文章采用的是空间面板数据模型。目前，在空间面板数据模型领域内，越来越多的模型设定、估计方法和检验受到了很多优秀学者的关注（Badi Baltagi，Paul Elhorst，Bernard Fingleton，Lungfei Lee，Ji-hai Yu et al.）。

埃尔霍斯特（Elhorst，2010a）指出 2007 年是一个分水岭，在此之前，空间计量经济学家只在模型里关注一种空间交互效应，在空间滞后模型里只考虑因变量的空间滞后项，或者在空间误差模型中只考虑空间自相关误差项。之后，在空间计量模型中考虑两种及以上空间交互效应则逐渐成为一种新的趋势，例如，空间杜宾模型。

第 2 章
空间数据特性

2.1 空间数据的陷阱与潜质

空间数据存在一些问题或陷阱。在我们将统计中的许多标准技术和方法应用于空间分布分析时，会发现它们将面临很多问题。而地理空间参照为我们提供了许多分析数据及其相互关系的新方法，如距离、邻接、交互和邻接等，这为我们解决这些问题提供了可能。

2.1.1 空间数据的陷阱

传统的统计分析经常对其使用的数据施加一些条件或假设。其中包括研究对象的可确定性、观测的独立性、正态分布、线性、稳定性（通用的模型）、数据的准确性和质量。而空间数据几乎总是违反其中的一些要求，这也是它们之所以特殊的最根本的原因。造成这个问题的主要原因是空间数据中暗含空间自相关性。因此，空间自相关在空间数据的陷阱列表中位列首位。其他经常出现的密切相关的棘手问题包括可变面元问题、尺度问题、边界效应问题以及生态谬论。

（1）空间自相关。

空间自相关是指空间中彼此靠近的位置的数据比来自彼此更远的位置的数据更可能相似。空间自相关的存在在地理学中已被证明。而所有的经济活动都是附着于一定的地理空间的，经济活动的主体——人也对地理上的距离存在敏感性。因此，对经济活动和现象的研究需要考虑空间自相关的问题。

空间中现象的这种非随机分布给传统统计分析带来了挑战。例如，如果参数是基于在空间中非随机分布的样本来估计的，则这种估计很可能是有偏的。因此，我们在应用统计检验之前对数据作出的许多假设都变得无效。因此，在进行任何常规统计之前应评估空间数据集中的自相关程度。数据中存在的自相关的诊断措施可用像 Moran's I 和 Geary's C 这样的指数，另外变异函数云图（variogram cloud）也有助于我们理解空间数据集中的自相关模式。

空间自相关大致有三种可能性：正自相关、负自相关和非相关或零自相关。正自相关是最常见的观察情况，指的是附近的观察结果可能彼此相似的情况。负自相关不太常见，当附近位置的观测值可能彼此不同时，就会出现负自相关。零自相关是指没有可识别的空间效应，并且观察值似乎在空间中随机变化的情况。负自相关和零自相关经常容易混淆，但它们之间的区别还是比较明显的。

在空间分析中，对研究区域间的分异模式（pattern of variation）进行描述和建模，对自相关结构进行有效的描述至关重要。一般来说，空间分异有两种：一阶和二阶。当研究区域内的观测值因当地环境的潜在属性变化而因地而异时，就会出现一阶空间分异。例如，犯罪率可能仅仅因为人口密度的变化而在空间上有所不同，因此在大城市中心附近犯罪率会增加。相比之下，二阶变化是由于观测值之间的交互作用而存在的因地而异。例如，某个靠近酒吧和俱乐部的地区发生的犯罪，使该地区周围更有可能发生犯罪。这个区域就成为"热点"。在实践中，很难区分一阶和二阶效应，但在开发处理空间数据的统计方法时，通常需要对二阶效应和一阶效应进行建模。

（2）可变面元问题。

空间数据分析中通常要对最初在更细层级上收集的数据进行合并。例如，在全国人口普查，它是在家庭一级收集的，但报告的是合并至城区、县、省等不同级别的数据。所使用的合并单元是任意的，但这个合并单元会影响基于这种合并的数据所得到的统计结论。这种问题就是可变面元问题（modifiable areal unit problem，MAUP）。如果研究中的空间单位划分不同，我们可能会得到非常不同的模式和关系。该问题如图 2-1 所示，其中应用于空间数据集的两种不同的合并方案产生了两种不同的回归结果。这是一个人为的例子，但其影响是普遍的且没有得到广泛的理解。如图所示，回归关系通过合并得到加强。事实上，使用相同的基本数据，通过这个方式的合并有可能产生 -1.0 和 +1.0 之间任何相关性。

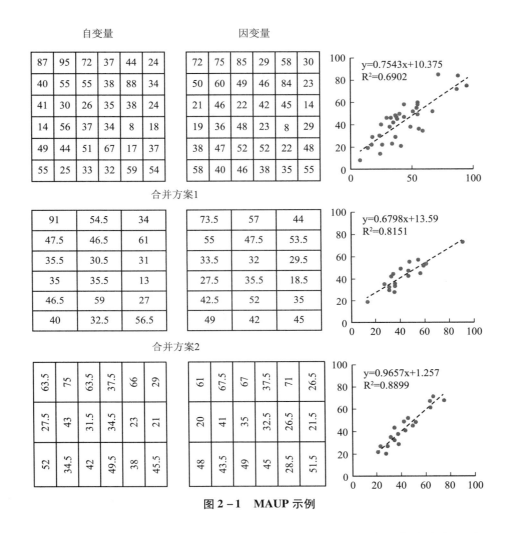

图 2-1　MAUP 示例

这个影响将导致两个问题的出现。第一个与分析规模和合并效应有关。任何一对观察值的合并将产生更接近整体数据平均值的结果。因此在合并后，新数据可能更紧密地聚集在回归线周围，从而具有更强的确定系数。在我们的示例中，两种合并方案都显示了这种效果，它们的拟合效果比原始的没有合并的数据更好。通常，当我们合并到更大的单元时，这个问题仍然存在。第二个问题是不同合并方案下获得的结果存在实质性差异。这两个困难分别被称为合并效应和分区效应。

（3）生态学谬误。

MAUP 与一个更普遍的统计问题密切相关：生态谬误（the ecological fallacy）。当认为在一个合并级别上成立的统计关系也会在更详细的级别上成立时就产生生态谬误。例如，我们可能观察到县级收入与犯罪之间存在着密切关系，低收入县与高犯罪率相关。如果我们由此得出结论，低收入者更有可能犯罪，那么我们就陷入了生态谬论。事实上，只有准确地表述数据所提供的信息才是有效的：低收入县往往会经历更高的犯罪率。造成观察到的效果的原因可能完全不同：可能是低收入家庭的家庭安全系统更低效，更容易发生入室盗窃（相对直接的联系）；或者低收入地区是更多长期吸毒者的所在地，他们犯罪与收入无关（间接联系）；或者他们犯罪可能与收入无关的原因。

很多时候，高合并水平的关系可能会用低合并水平的同样的关系来解释。例如，一个把吸烟与肺癌关联起来最早证据是以散点图的形式显示了一些国家的人均吸烟率和肺癌死亡率的关系。这个相关性很强。然而，我们仅基于这一证据就得出吸烟是肺癌病因的结论，这是错误的。事实虽然证明吸烟确实是肺癌的病因，但这一结论是基于在个人层面进行的许多其他研究得出的。国家一级关于吸烟和癌症的数据仍然只能支持这样的结论：吸烟者人数较多的国家往往有较高的肺癌死亡率。

生态谬论在日常和媒体话语中也很常见。道路死亡和限速、安全带或自行车头盔都是典型的例子。将生态谬误与 MAUP 联系在一起的共同线索是，统计关系在不同的合并水平上可能会发生变化。

（4）尺度。

我们研究一个现象的地理尺度可能会影响我们的观察结果。尺度可以显著影响空间分析的方式，因为尺度在一定程度上决定了适合表示特定实体的对象类型。例如，在大陆尺度上，一个城市可以方便地用一个点来表示。在区域尺度上，它成为区域对象。在局域尺度上，城市成为点、线、面积和网络对象的复杂集合。我们研究所用的尺度会影响我们使用的表示形式，这反过来可能会影响空间分析。尺度的不同，会影响最好的研究结论，在省尺度上的结论和地市、县尺度上的结论可能相差很大。然而，总的来说，一项研究的正确的或适当的地理尺度是不可能事先确定的，应该对此问题给予应有的关注。

（5）空间异质性与边界效应。

将空间分析与传统统计区别开来的最后一个重要问题是，空间是不均匀的。例如，犯罪地点数据及相应的点状图中很容易看到犯罪的空间分布模式。如果只将犯罪地点映射为点，而不考虑潜在的地理位置，则空间模式可能显得尤为明显。人们生活和工作的地方几乎可以肯定会出现集聚，公园或主要道路交叉口则会出现明显隔断。这些隔断和集聚是由于城市空间相对于所绘制现象的不均匀性而产生的。

一种特殊的几乎总是会遇到的异质性问题是由边界效应引起的。当在研究中为了使其易于管理而对其施加人为边界时就会出现这种情况。由此出现的问题是，研究区域中心的点可以在各个方向上都有邻近的观察值，而研究区域边缘的点只有朝向研究区域中心方向的邻居。除非对研究领域进行了非常小心的定义，否则这不太可能反映现实。

（6）小结。

总的来说，传统统计分析的基本要求在空间数据方面很多时候得不到满足（见表2-1）。因此，使用传统统计分析方法来分析空间数据时应特别小心，并应使用可以处理这些空间数据问题的方法来分析空间数据。

表2-1 　　　　　传统统计分析的基本要求与对应的空间数据的问题

传统统计分析的基本要求	对应的空间数据的问题
可识别的研究对象	MAUP，尺度、边界效应、生态谬论，等等
事件的独立性	空间自相关，空间不均匀性
正态分布	MAUP，尺度、边界效应
线性	MAUP，尺度、边界效应
空间平稳性	局域效应和模型
数据准确性和数据质量	数据合并，数据稀疏，低质量

2.1.2 空间数据的潜质

上面的许多问题还没有得到满意的解决。最近，随着地理信息系统的出现和对空间数据重要性的更广泛认识，以及新技术不断涌现，在对这些问题的处理方面取得了显著的进展。在空间分析中，虽然我们仍然对观测数据中的值的分布感兴趣（经典描述性统计指标，如均值、方差等），但我们现在也对相关实体在空间中的分布感兴趣。这种空间分布只能根据空间实体之间的关系来描述，而空间关系通常是根据我们称之为距离、邻接（adjacency）和交互作用（interaction），以及密切相关的邻域（neighborhood）的一个或多个关系来构想的。

（1）距离。

距离通常（但并非总是）由研究空间实体之间的简单直线距离来描述。在可以忽略地球曲率影响的小研究区域，简单的欧氏距离通常足够，其计算公式为：

$$d_{ij} = \sqrt{(x_i - x_j)^2 + (y_i - y_j)^2} \tag{2.1}$$

其中，d_{ij}是两点（x_i，x_j）和（y_i，y_j）的直线距离。

在更大的区域，可能需要更复杂地考虑地球表面的曲率的计算。

欧氏距离是最简单的，但我们可以采用许多其他数学距离度量。例如，依其间的道路、铁路、河流或航空运输网络来测量距离。也可以从基于公路网的距离转到预期的驾驶时间，距离不再以公里为单位，而是以时间为单位（小时和分钟）。这种更广泛的距离概念可能是非直观的和相互矛盾的。例如，通常认为从 A 到 B 的时间比从 B 到 A 的时间长。在城市中，交通网络的结构可能会影响距离，使其在一天中的不同时间或不同方向上发生变化。

（2）邻接。

邻接可以被认为是距离的标称或二进制等价物。两个空间实体要么相邻，要么不相邻。当然，如何确定邻接并非易事。最明显的情况是，一组多边形中，我们认为共享一条边的任意两个多边形是邻接的。或者认为相距某个固定距离（例如 100 米）内的任何两个实体彼此相邻。或者，认定距离任何特定实体最近的六个实体与其是邻接的。甚至可能认定只有一个最近的邻居是与其相邻。

和距离一样，相邻的两个实体可能不一定彼此靠近。城市间定期交通运输（航空、高铁等）连接的结构就是一个很好的例子。如 F 地可以直飞 H 地，H 地可以直飞 T 地，但 F 地不能直飞 T 地，则我们认为 F 地与 H 地相邻，H 地与 T 地相邻，但 F 地与 T 地不相邻，尽管 F 地与 T 地的距离很短。如果后来 F 地与 T 地有直飞，则此时才认为 F 与 T 地相邻。

（3）交互作用。

相互作用可以被视为距离和邻接的结合。显而易见，距离较近的事物比距离较远的事物关系更密切，这一概念通常被称为地理学的"第一定律"。在数学上，我们通常用 0.0（无交互）和 1.0（高度交互）之间的数字表示两个空间实体之间的交互程度。如果我们以相同的方式表示邻接，则可以用 0 表示非邻接，用 1 表示邻接。通常，在空间分析中，两个实体之间的交互由某种逆距加权确定。典型的公式是：

$$w_{ij} \propto \frac{1}{d^k} \tag{2.2}$$

其中，w_{ij}是空间上相距 d 的两个实体 i 和 j 之间的交互权重。距离指数 k 控制权重的下降速率。这种交互作用的逆幂律确保了紧密相连的实体比相距较远的实体具有更强的交互作用。通常，两个实体之间的交互由这些实体的某些属性进行正加权。一个常见的公式使用一些实体规模的指标，例如人口 p_i 和 p_j。这给了我们一个修改的交互权重：

$$w_{ij} \propto \frac{p_i p_j}{d^k} \tag{2.3}$$

在处理实体的纯空间特征时，我们可以用两个面元的面积来正向加权它们之间的相互作用，并除以它们中心之间的距离。与距离一样，不同的度量可能适用于不同的语境。例如，我们可以将两个地区或国家之间的贸易量视为衡量其互动程度的一个指标。

（4）邻域。

对邻域有多种思考方式。例如，我们可以将特定空间实体的邻域定义为与我们感兴趣的实体相邻的所有其他实体的集合。显然，这完全取决于我们如何确定邻接。或者，空间实体的邻域也定义为一定距离范围内与该实体相关联的空间区域。另一种更接近单词邻域的常见用法的方法是，空间分布中相似的区域互为邻域，这些区域的内部相似但与周围区域不同。我们所说的高山是海拔属性值上的一个邻域，其由比周围区域更高的值组成。

图 2-2 说明了这四个基本概念的版本。在图 2-2（a）中，已测量并显示了点对象 A 与研究区域中其他对象之间的距离。一般来说，总是可以确定一对物体之间的距离。在图 2-2（b）中，对象 A 和其他两个（E 和 F）之间的邻接由连接它们的线表示。在这种情况下，就第一个图中显示的距离而言，对象 E 和 F 是最接近 A 的两个。邻接的这种定义可能是通过多种方法得出的。例如，我们把彼此相距 50 米以内的一对物体认定是相邻的。请注意，此定义意味着标记为 D 的对象没有相邻对象。另一种定义可能是，距离每个对象最近的两个对象与其相邻。尽管这也意味着邻接不再是对称关系，但这将保证所有对象都有两个其他相邻对象。例如，在此定义中，E 是 D 的邻接（D 的两个最近邻居为 C 和 E），但 D 不是 E 的邻接（E 的两个最近邻居为 A 和 F）。在图 2-2（c）中，由一个对象和每个其他对象之间绘制的线的粗度表示它们之间的交互程度。此处的相互作用权重与图 2-2（a）中的距离成反比，因此 A 和 E 之间的相互作用最强，而 A 和 B、C 和 D 中的每一个之间的相互作用较弱。在图 2-2（d）中，说明了 A 的邻域的两个可能情形。轮廓曲线区域是与 A 相邻的一组对象，其中包括 A、E 和 F。如在此所示，一个对象通常被视为与自身相邻。另一种可能的解释是着色多边形，它是该空间中距离 A 较靠近该区域中任何其他对象的区域（多边形的边是中垂线）。

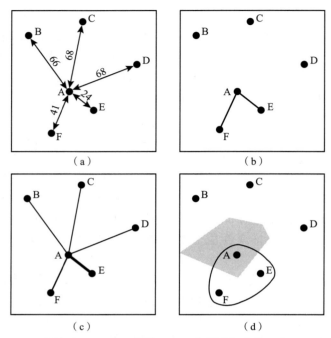

图 2-2　距离、邻接、交互和邻域概念的示意

（5）空间关系的矩阵表示。

可以用矩阵表示距离、邻接和交互等概念。我们可以用如下所示的矩阵表示空间数据的距离信息。

$$D = \begin{bmatrix} 0 & 66 & 68 & 68 & 24 & 41 \\ 66 & 0 & 51 & 110 & 99 & 101 \\ 68 & 51 & 0 & 67 & 91 & 116 \\ 68 & 110 & 67 & 0 & 60 & 108 \\ 24 & 99 & 91 & 60 & 0 & 45 \\ 41 & 101 & 116 & 108 & 45 & 0 \end{bmatrix} \tag{2.4}$$

矩阵中的距离为图 2-2 中 A、B、C、D、E 和 F 点相互之间的距离。第一行是 A 点与 B、C、D、E 和 F 点之间的距离，分别为 66 米、68 米、68 米、24 米和 41 米。

这个矩阵的行和列的顺序是一样的，都是按 ABCDEF 的顺序排列。左上到右下的主对角线上的元素表示各点自己到自己的距离，因而是 0。这个矩阵是关于主对角线对称的，即从一点到另一点的距离与从另一点到这点的距离相等。

数据集的所有距离信息都包含在矩阵中。因此，任何仅基于这些距离的分析都可以使用这个矩阵进行。

我们可以用下面的矩阵表示空间数据的邻接信息。矩阵元素现在是 1 或 0。

$$A_{d \leqslant 50} = \begin{bmatrix} * & 0 & 0 & 0 & 1 & 1 \\ 0 & * & 0 & 0 & 0 & 0 \\ 0 & 0 & * & 0 & 0 & 0 \\ 0 & 0 & 0 & * & 0 & 0 \\ 1 & 0 & 0 & 0 & * & 1 \\ 1 & 0 & 0 & 0 & 1 & * \end{bmatrix} \qquad (2.5)$$

如果邻接规则是两个对象的间距必须小于 50 米，我们就得到上面这个矩阵。同样，矩阵是对称的。注意，如果我们对任何行或列中的数字求和，就会得到与相应对象相邻的对象数。因此，第一行的行总和为 2，这对应于在该定义下，对象 A 具有两个相邻对象的事实。请注意，我们在主对角线位置放置了一个符号，因为不清楚对象是否与其自身相邻。在特定应用中，要适当考虑对象是否与其自身相邻。

使用不同的邻接规则可以得到不同的矩阵。如果邻接规则是每个对象与其三个最近的邻居相邻，那么我们得到不同的 A 矩阵：

$$A_{k=3} = \begin{bmatrix} * & 1 & 0 & 0 & 1 & 1 \\ 1 & * & 1 & 0 & 1 & 0 \\ 1 & 1 & * & 1 & 0 & 0 \\ 1 & 0 & 1 & * & 1 & 0 \\ 1 & 0 & 0 & 1 & * & 1 \\ 1 & 1 & 0 & 0 & 1 & * \end{bmatrix} \qquad (2.6)$$

需要注意的是，此时的矩阵不再对称。因为如前所述，邻接的"最近邻"规则使关系不对称。正如我们所期望的那样，每行总和为 3，但列总和分别是 5、3、2、2、4 和 2，它们不太不同。这是因为邻接的定义导致 E 与 B 相邻并不保证 B 与 E 相邻。我们可以从这个矩阵中看到，对象 A 实际上与所有其他对象相邻。这是因为其位于研究区域的中心位置。

最后，我们可以为该数据集构造交互矩阵或权重矩阵 W。如果我们使用简单的逆距（1/d）规则，那么，我们得到以下矩阵：

$$W = \begin{bmatrix} \infty & 0.0152 & 0.0147 & 0.0147 & 0.0417 & 0.0244 \\ 0.0152 & \infty & 0.0196 & 0.0091 & 0.0101 & 0.0099 \\ 0.0147 & 0.0196 & \infty & 0.0149 & 0.0110 & 0.0086 \\ 0.0147 & 0.0091 & 0.0149 & \infty & 0.0167 & 0.0093 \\ 0.0417 & 0.0101 & 0.0110 & 0.0167 & \infty & 0.0222 \\ 0.0244 & 0.0099 & 0.0086 & 0.0093 & 0.0222 & \infty \end{bmatrix} \begin{matrix} \text{row totals:} \\ 0.1106 \\ 0.0639 \\ 0.0688 \\ 0.0646 \\ 0.1016 \\ 0.0744 \end{matrix} \quad (2.7)$$

请注意，主对角线元素的值为无穷大。这些元素通常被忽略，因为无穷大是一个难以处理的数字。权重矩阵的常见变化是调整每行中的值，使其总和为1。上面右边显示了矩阵的行总和（去掉无穷大的值），因此我们将第一行中的每个元素除以0.1106，第二行元素除以0.0639，以此类推，得到：

$$W = \begin{bmatrix} \infty & 0.1370 & 0.1329 & 0.1329 & 0.3767 & 0.2205 \\ 0.2373 & \infty & 0.3071 & 0.1424 & 0.1582 & 0.1551 \\ 0.2136 & 0.2848 & \infty & 0.2168 & 0.1596 & 0.1252 \\ 0.2275 & 0.1406 & 0.2309 & \infty & 0.2578 & 0.1432 \\ 0.4099 & 0.0994 & 0.1081 & 0.1640 & \infty & 0.2186 \\ 0.3279 & 0.1331 & 0.1159 & 0.1245 & 0.2987 & \infty \end{bmatrix} \quad (2.8)$$

column totals: 1.4161　0.7949　0.8949　0.7805　1.2510　0.8626

在该矩阵中，每行总和为1。现在，列总和反映了相应对象对区域中所有其他对象的交互效果或影响程度。在这种情况下，第1列（对象A）的总数最大（1.4161），再次反映了其中心位置。影响最小的对象是D，列总数仅为0.7805。

（6）邻近多边形。

确定一组对象的空间属性的另一个非常通用的工具是将研究区域划分为邻近多边形。任何实体的邻近多边形是空间中距离实体较近的区域。图2-3显示了一组点实体。邻近多边形也称为Thiessen多边形或Voronoi多边形。尽管这是一种计算效率低下的方法，但对于点对象，使用连接点对的直线的垂直平分线来构造多边形却令人惊讶地容易，如图2-4所示。

确定直线和面积对象的近似多边形需要更复杂的构造来。然而，总是可以将一个空间区域划分为一组多边形，每个多边形最接近该区域中任何类型的特定对象（点、线或区域）。即使是包含点、线、区域的混合对象集也是如此。因此，邻近多边形的概念非常普遍和强大。事实上，当多边形变得像气泡时，它也可以应用于三维。请注意，邻近多边形始终填充空间而不重叠，因为任何特定位置必须且仅最接近一个对象，或者，如果它与多个对象等距，则位于多边形边界上。

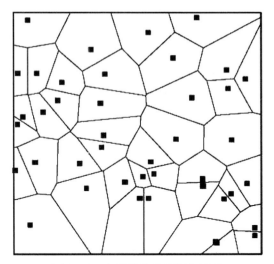

图 2 - 3　点事件集的邻近多边形

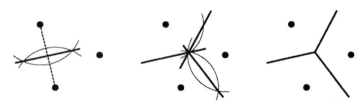

图 2 - 4　邻近多边形的构造

　　从一组邻近多边形中，我们可以导出至少两个不同的邻域概念。第一个概念是与实体相关联的邻近多边形是其邻域。例如，与一组快递点相关联的邻近多边形允许您快速确定哪一个快递点是最近的，即您所在的多边形所对应的快递点！同样的想法也适用于其他类型的建筑，如学校、医院、超市等。例如，学校的邻近多边形通常是其招生地区的较好的近似值。

　　邻域的第二个概念也可以从邻近多边形发展而来。点对象集中，我们可以把邻近多边形图中共享一条边的任何一对点连接起来，由此产生如图 2 - 5 所示的德洛奈（Delaunay）三角网。一组点的三角剖分是它们之间形成一组三角形的任何互联系统。Delauanay 三角网经常使用，部分原因是其三角形尽可能接近等边。

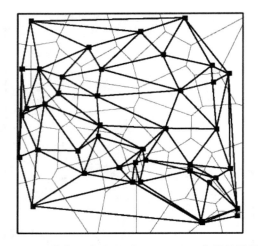

图 2 - 5 从邻近多边形到 Delaunay 三角网的推导

对我们研究的邻域和邻接的其他方法的一个批评是,它们忽略了地理空间的不均匀性,因为它们简单地应用了"相距小于100米的任何两个物体都是相邻的"这样的想法,而不管附近有多少其他物体。虽然邻近多边形不能直接解决这种批评,但它们建立的邻域关系是根据数据中的局部模式确定的,而不是使用"最近邻"或"50米内"等标准。在某些情况下,这可能是一种优势。如果距离的确定是基于街道网络而不是基于平面区域进行的,则邻近方法也很容易扩展到非均匀空间。该想法的其他版本包括定义多边形,这些多边形是对象第二最近、第三最近甚至最远的区域。然而,这些结构通常更复杂,区域有重叠,应用不太明显。

多边形的构造虽然简单,但极其烦琐。研究人员利用计算机越来越强大的处理能力有效解决了算力问题,使得这一想法在空间分析的许多领域中得到了越来越广泛的应用。

2.2 空间数据类型

地理信息系统中,空间数据常用的表示方式有两种,即矢量和栅格。矢量数据结构是利用几何学中的点、线、面对象及其组合体来表示地理实体空间分布的一种数据组织方式。栅格数据结构,是指将地球表面划分为大小均匀紧密相邻的网格阵列,每个网格作为一个像元或像素由行、列定义,每个像元的位置由行列号确定,每个单元各有一个值来表示一定的特征。

2.2.1　对象视角

从对象的角度来看，我们将世界视为位于空间中的一系列实体。实体通常是真实的：你可以触摸它们，站在其中，甚至可以移动它们。对象是实体全部或部分的数字表示。对象可以分为不同的对象类型，例如，点对象、线对象和面对象，在特定应用中，这些类型由特定对象实例化。例如，树林和田地可能是面对象的实例。从对象的视角来看世界，位置可以被任意数量的对象占据。房屋可以存在于人口普查区，它也可以包含灯柱、公交车站、路段、公园等。

由于可以将行为与对象相关联，因此当定义良好的对象随着时间的推移而变化时，对象视角具有优势，例如，人口普查面对象的数据在一系列人口普查中的不断变化。

2.2.2　域视角

从域的视角来看，世界由在空间上不断变化的属性组成。一个典型的例子就是地球表面本身，其中的域变量就是高程。类似地，我们可以将网格单元中的地面编码为是否有房屋。结果也是一个字段，在这种情况下是二进制数，其中 1 表示有房子，0 表示没有房子。如果单个房屋足够大，或者其轮廓穿过网格单元边界，则可以将其记录在多个网格单元中。这里的核心思想是空间的连续性和自我定义。在一个域中，每个位置都有一个值，一系列值一起定义该域。这与对象视角相反，在对象视图中，需要附加更多属性来完整地表示对象——矩形只是一个矩形，我们要将描述性属性附加到它身上。

栅格数据模型是记录域的一种方法。在该模型中，域的空间变化由相同的、形状规则的像素表示。地球表面通常记录为高度值的规则网格（数字高程矩阵，digital elevation matrix，DEM）。另一种方法是以非重叠三角形网格形式使用面对象（不规则三角网，triangulated irregular network，TIN）来表示相同的域变量。在 TIN 中，每个三角形顶点都被指定该位置的域的值。在地理信息系统的早期，特别是在制图应用中，通常使用地形图中常见的等高线来表示由土地高度给出的域的值。这种域的表示使用了重叠的面对象。在每个等高线内，面是封闭的。重要的是，域可以使用栅格或矢量方法进行数字化编码。

另一种类型的域是由分类变量值的连续赋值所组成。每个位置都有一个值，但值又是现象的名称（类别）。如购房政策的地图中，每个位置都有一个购房政策。我们还可以根据所涉及的购房政策类型进行自我定义。其他的例子有土地利用图，甚至是适合或不适合某些产业发展的简单区域地图。在文献中，这些类型的域变量有许多不同的名称，其中包括 k 色图和二值图。正在流行的术语是分类覆盖（categorical coverage），表示域由分类变量组成。重要的是，这样的分类覆盖可以使用矢量或栅格方法来进行数字编码。

2.3 一些复杂性

到目前为止，我们提出的表示世界的视角看似简单，但却是刻意为之。我们现在将分析其中的复杂性。其中的关键问题是复杂性在何种程度上影响所得到的分析结果。

（1）对象并不总像它看起来的样子。

我们可能会混淆制图学的表示与对象和域的基本性质。例如，在地图上，使用地图学里的线标记区域的边缘，但其实体却是面对象。在地形图上，通常使用我们称之为等高线的线来表示连续域变量——海拔高度。域可以以许多不同的方式表示在地图上。

（2）对象通常是多维的。

通常，空间对象的可变性不仅只有单一的维度。例如，我们可以通过两个空间维度中的（x，y）坐标定位点对象，但在许多应用中，最好将其记录在三维空间（x，y，z）中，深度或高度作为第三维。许多地理信息系统不易处理此类数据，因此经常需要将固定在位置（x，y）的对象的附加坐标记录为另一个属性。这会使得需要完全三维空间的完美自然的查询和分析变得很难。

（3）对象不是动态的。

迄今为止，除了可能把时间作为物体的属性外，人们对世界的看法是静态的，是没有时间概念的。对于某些问题还好，但在许多应用程序中，我们的主要兴趣是事物如何随时间变化的，这会产生一些其他的问题。稍加思考就会想到对象的位置与时间的合并所产生的问题。我们将随着时间而做的变化称为进程。关于进程的想法对大多数科学来说都特别重要。然而，很难在一个数字环境中处理它，因为该环境不容易将其纳入任何物体的描述中。

（4）对象没有简单的几何结构（形状）。

不论在栅格/矢量或是在对象/域视角中，我们可能想要捕捉的地理现实的某些方面都没有得到很好地表示。这里最明显的例子是交通网或河网。通常，网络被建模为一组线对象（线路）和一组点对象（交通节点）。但这种数据结构在许多应用中非常尴尬。获得正确的表示很难（想想单向街道、限制转弯、分道等）。另一个变得越来越重要的例子是图像数据。GIS中的图像可能是用作背景的扫描地图，也可能是以标准格式编码的照片。在具体细节层面上，图像使用栅格方法进行编码，但很难提取用于理解这个作为一个整体的图像的重要的指标。

（5）对象取决于分析的尺度。

不同的对象类型可能在不同的尺度上代表相同的现实世界现象。例如，某人常乘火车到达南昌西站。在一个尺度下，这最好用一个点来表示在地图上，可以用其坐标（x，y）来数字化表示。放大一点，南昌西站就变成了一个面对象，用闭合的一串坐标（x，y）来数字化表示。这闭合的一串坐标（x，y）定义了一个多边形。进一步放大，我们可以看到一个由铁路线（一组线对象）和一些建筑（面对象）组成的网络。所有这些都将由更复杂的数据描述来表示。显然，同一实体可以用几种方式表示。因此，在设计信息数据库并用感兴趣的对象填充数据库时，所选的对象表示类型应允许对其进行预期的分析。

（6）对象可能具有分形维度。

更复杂的是，一些实体是分开的。无论我们放大到多近，它都具有相同或相似的细节级别。除非我们接受这种表示只是特定分辨率下的快照，否则，分形很难用数字表示。经典的例子是线性特征，例如海岸线，无论我们多么仔细地检查，其"褶皱"都保持不变。无论我们记录的空间坐标多么精确，都不可能捕捉到所有细节。一个意想不到的结果是，当处理这些不规则线时，随着我们测量的"更准确"，它们的长度似乎会有增加！

想象一下，使用一对设置为 10 公里的码尺（见图 2-6）测量某地一部分的海岸线（见图 2-7）。在图 2-7（a）中，以 10 公里长的码尺计数有 18 段，得到了 $18 \times 10 = 180$（公里）的海岸线长度。用 5 公里长的码尺重复这个过程（见图 2-7（b）），我们计数了 52 段，得到了 $52 \times 5 = 260$（公里）的长度。最后，使用 2.5 公里长的码尺，我们得到了 $132 \times 2.5 = 330$（公里）的总长度。随着我们看得越近，海岸线看起来越长。如果我们使用 1 公里或 100 米长的码尺，会发生什么？100 毫米怎么样？这条海岸线的"实际"长度到底是多少？

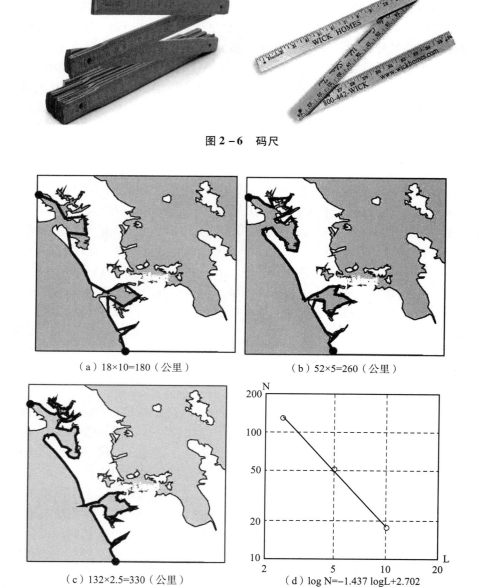

图2-6 码尺

（a）18×10=180（公里）　　　　（b）52×5=260（公里）

（c）132×2.5=330（公里）　　　　（d）log N=-1.437 logL+2.702

图2-7 某地部分海岸线分形维度的确定

分形维数是解决这一难题的数学思想。分形是片段和维度的压缩。如果两次测量的尺度的线性尺寸为 L_1 和 L_2，尺度的计数分别为 N_1 和 N_2，则分形维数 D 由下式得出：

$$D = \frac{\log(N_1/N_2)}{\log(L_1/L_2)}$$

该定义不将 D 限制为整数值，可用于估计不规则形状实体的分形维数。图 2-7（d）显示了双对数理查森图（log-log Richardson plot）上的每个尺度长度和码尺计数组合。这三个点大致位于一条通过简单线性回归拟合的直线上，直线的负斜率就是分形维数。在这个例子中，我们得到了分形维数为 1.44 的估计值。事实上，我们只能对海岸线本身进行适当的测量，因为任何存储起来的表示（例如我们在开始时使用的地图）都有一个极限分辨率。在这个极限分辨率上，当我们将间隔设置得更小时，线的长度将变得固定。然而，码尺长度—计数关系通常在几个数量级上是稳定的，因此我们可以从大尺度对象的表示中估计实体的分形维数。

线的分形维数的最简单解释是作为其"起伏度"或"褶皱度"的度量。分形维数为 1.0（注意小数点）的线是一条理想线，在二维中不占空间。地理学中的许多线性特征的分形维数大约在 1.1 到 1.5 之间。在测量城市发达地区的分形维数方面已经做了大量工作。完全光滑的表面的分维数为 2.0，而粗糙的表面的分维数可能为 2.3。

（7）对象可以是模糊的和（或）具有不确定的边界。

前面的讨论假设我们处理的对象在技术上是清晰（crisp）的。它们具有空间范围，可以准确识别其边界。但许多空间实体并不清晰，有些还可能具有不确定的边界。典型的例子是土壤。在地图上，土壤类型将由非重叠区域多边形表示，用严格的线（hard and fast lines）分隔勘测员识别的各种土壤类型。但这实际上是虚构的，可能的原因有两个。

第一，边界不确定。虽然土壤会非常突然地变化，因此可以在地图上画一条线来区分不同的土壤类型，但土壤类型也可能在几乎不易察觉的情况下从一种土壤类型变化到另一种土壤类型，因此它们之间没有确定的边界。诚实的土壤测量师通常通过用虚线标记这种过渡，以此来识别此类边界的不确定性。在地理信息系统和随后的空间分析中，这种不确定性通常通过假设这些线实际上是确定的来消除。在营销方面，某些贸易区的边界可能是不确定的；当描述心理地图时也会出现这个问题。每个南昌人都知道这个城市的一部分被称为"市中心"，但这没有立法依据，大多数人很难决定它的开始和结束。更为复杂的是，与"市中心"和某些土壤类型一样，物体边界的某些部分可能是不确定的，但同一边界的其他部分可能是确定的。处理这种边界不确定性的一种可能方法是分配给每个位置一个隶属于已定义的类型的隶属度（probability of membership）。因此，我们的地图和数据不是显示"我们在某某土壤类型上"，而是显示"我们在土壤类型某某上的概率为 0.7"。

　　第二，对象可能是模糊的。土壤是最好的例证。在说一种给定的土壤属于一种特定的土壤类型时，我们是在确定这种类型（或类型集合）本身是清晰的，这意味着我们可以明确地说明土壤是否真的属于那种类型。然而，有些集合可能会违背这种指定（assignment）。因此，我们只能说，给定的土壤或多或少是某种给定的类型，即用一个表示其在多大程度上可能属于给定类型的值来代替我们的确定性。这与上面讨论的边界不确定性不同。边界不确定性是指，我们确定类型，但不确定给定土壤是否是某种类型。在这里，我们不确定这个土壤类型本身，但在某种意义上，确定土壤属于这个不确定的类型。实际上，任何给定实体是此类模糊集成员的程度通常使用范围为 0 到 1 的隶属度值记录。

2.4　属性描述的尺度

　　除了点、线和区域对象类型外，我们还需要一种将属性指定（assign）给空间上的对象的方法。可能的属性的范围是巨大的，因为我们描述事物的可能的方式的数量仅受限于我们的想象力。例如，我们可以通过高度、颜色、年龄、用途、租金、窗户数量、建筑风格、所有权之类的属性来描述建筑物。正式来说，属性是任何用于展示实体的特征。在本节中，我们探讨一种基于属性的测量层次（level of measurement）将其分类的简单方法。测量层次常限定分析方法的选择，最终限定从该属性的空间结构的研究中得出的结论。

　　测量是在收集信息时根据一些设定规则给观察到的现象指定类别或值的过程。这个定义并不仅限定于涉及数字的指定，它还包括将现象归为各种类型，或在假设尺度上进行相互排名。你可以把你正在阅读一部作品指定为一类叫作书的普通物体。相对于其他书籍，你可以按价值尺度上的好、一般或差将它排序。

　　定义为现象指定名称、秩或数字的规则确定了什么叫作测量层次，不同测量层次与不同的规则相关联。史蒂文斯（Stevens，1946）设计了四个层级的属性类型：标称、序数、间程和比率。

2.4.1　标称测量

　　标称测量是最低层次的。每个值都是一个不同的类别，仅用于标记或命名现象。我们将某些建筑物称为"商店"，如果将其称为"第二类"，也不会丢失信息。唯一的要求是类别具有包容性和互斥性。包含性是指必须能够将所有对象分配到某个类别或其他类别（"商店"或"非商店"）。互斥性是指任何对象都不能被划分在多个类中。未假设类别之间的顺序或距离。在标称数据中，使用的任何数字仅作为符号，不能以平均方式进行数学操作。这限制了可以对其执行的操作。即使如此，我们可以计数类别的成员数以形成频率分布。如果实体是在空间上定位的，我们将其进行地图化并对其（x，y）位置坐标执行操作。

2.4.2 序数测量

对于标称测量，除了类之间的互斥性之外，类之间没有隐含的关系。如果可以根据某些标准对类进行一致的排序，那么我们就有了一个序数的测量层次。一个例子是根据投资环境将各地划分为吸引能力等级。沿着一个假设的尺度，我们知道顺序，但不知道差异。因此，第一类和第二类之间的差异可能与第九类和第十类之间的差异非常不同。和标称数据一样，并非所有数学运算对序数数据都有明显的意义，但一些不要求有规律的差异的假设的统计操作是可能的。

在标称和序数级别上测量的属性通常被统为分类数据。

2.4.3 间程和比率测量

除了排序之外，间程层次的测量具有这样的特性：类别之间的差异或距离是使用固定的相等的单位定义的。温度计通常在间程级别上测量，确保25℃和35℃之间的差值与75.5℃和85.5℃之间的差值相同。然而，间程级别上的测量缺少内生的零值，因此只能用于测量差值，而不能用于测量绝对的或相对的程度（magnitudes）。比率级别有内生的零值。间程级别的0℃并不表示没有温度，与之不同，距离0米真意味着没有距离。同样的道理，6米是3米的两倍，而100℃的温度却不是50℃的两倍。

通过研究一下对两个测量值进行比率计算时会发生什么，就能明晰其间的区别。如果地点A距离B点10公里（6.2137英里），距离C点20公里（12.4274英里），则不管使用何种距离单位，距离的比率为：

$$\frac{d_{AB}}{d_{AC}} = \frac{10}{20} = \frac{6.2137}{12.4274} = \frac{1}{2}$$

距离基本上是比率级别的测量。间程级别不以同样的方式保持比率。如果地点B的年平均温度为10℃（50°F），而地点C的年平均温度为20℃（68°F），我们不能声称C点的温度是B点的两倍，因为该比率取决于我们的测量单位。用摄氏度算，比率为 20/10 = 2，用华氏度算比率为 68/50 = 1.36。间程和比率数据通常可以以类似的方式进行算术和统计操作。它们被统称为数值测度。

虽然数据可能是在某个测量级别收集的，但通常可以很方便地将其转换为较低级别以进行地图化（映射）和分析。间程和比率数据可以转换为序数尺度，例如高/低或热/温/冷。

2.5 空间数据操作

空间分析可以分为两个不同的角度。首先，这些几何操作涉及空间数据类型之间的某种转换形式。其次，要注意（x，y）坐标编码错误对各种结果的影响。

有时涉及的几何图形很简单。例如，查找具有给定特征的线对象的总长度或计算某些面对象的总面积和周长。在其他时候，空间单元在不同类型属性上的交叉才是关键。例如，使用 GIS 来确定在某些工厂或其他点对象的不同距离内发生的疾病数量。我们需要这种病例和设施的地理编码数据。这些数据通常以受疾病困扰的人和可疑设施的邮件地址的形式获得。然后，我们可以将设施缓冲到一定距离（例如 1 公里），并使用"点在多边形中"的运算来确定相关缓冲区内发生的疾病数量。最终结果是一组数字，记录了在每个工厂附近发生的病例数量，以及不在工厂附近发生的病例数量。在确定了这些数字之后，我们可以使用适当的统计方法来确定这些比率是否表现出某种非随机模式。

类似地，地图叠加是指两个或多个地图层以各种方式组合以生成新的组合层。例如，将多个开发适宜性分类合并为单个的综合指数。该应用程序是 GIS 技术的原创灵感之一。输入的地图数据可能包括土地坡度、林地密度、交通可达性（可能由交通系统的缓冲区操作生成）、环境敏感性和建筑的地质适宜性。地图叠加生成由所有输入的多重相交组成的合成地图。综合地图中的面具有多个从其"父对象"的属性衍生而来的属性，可以为其指定总体的开发适用性评级。这里的基本操作是每个地图中多边形区域的几何相交。一个相关的操作是根据多边形属性的相似性，将不同的地图中的多边形进行合并。顺便说一句，这两种操作都是栅格和矢量模型互换性的示例，因为它们都可基于任一模型在系统中轻松执行。事实上，这两种操作是在集合论和维恩图（Venn diagram）中常见的相交和并集操作在地理空间中的发展。

无论我们指的是点、线、面积还是场实体，这些操作（长度、面积、周长、相交、缓冲、合并、点在多边形内、叠加等），都涉及相对简单的位置（x，y）坐标的几何操作。一种有用的方式是将其视为各种空间数据类型之间的转换。例如，如果我们有一个由点对象组成的数据集，我们可能会对这些对象的 5 公里内的区域感兴趣，这个区域由一系列以每个对象为中心的圆形缓冲区所定义。缓冲区形成一组面对象。这样我们就完成了从维度 L^0 的点转换为维度 L^2（L^0 到 L^2）的面的转变。事实上，这种缓冲区也可以被视为在连续曲面上定义了到一个点有一定距离的等值线，这是从 L^0 到 L^3。如果原始缓冲区是沿着直线对象的，则这个转换就是从直线到面（L^1 到 L^2），围绕面对象的缓冲区将创建另一个面对象（L^2 到 L^2）。也可以进行反向操作。我们可以从面积对象开始，通过计算其骨架网络（L^2 到 L^1）将其转换为直线或找到其质心从而生成点对象（L^2 到 L^0）。表 2 - 2 试图总结这种 GIS 操作的转换方式。表中的行表示我们要转换的数据类型，列表示生成的数据类型。行和列的交叉是定义了一个以上的几何操作。

表 2 - 2　　　　　　数据类型之间转换的空间几何操作

项目		到			
		点，L^0	线，L^1	面，L^2	场，L^3
从	点，L^0	平均中心	网络图	邻近多边形，TIN，点缓冲	插值，核密度估计，距离面
	线，L^1	交叉	最短距离路径	线缓冲	到最近线的距离面
	面，L^2	中心	面骨架图	面缓冲，多边形叠加	密度差值和其他面模型
	场，L^3	面特定的点，非常重要的点	面的网络	流域划定，山体	等效向量场

第2篇　空间数据分布

第 3 章

地 图 化

3.1 地理可视化与分析

科学可视化是通过图形方式探索数据和信息，以增进对数据的理解和洞察。可视化的价值在于它强调在思想发展中使用图形，而不是像传统图形那样强调在表达中使用图形。可视化通过图形化的方式开发想法，然后通过非图形化的方式呈现出来，它通常会将传统的研究程序颠倒过来。由于在科学中使用图形被称为科学可视化（例如，Hearnshaw and Unwin，1994），因此创造了术语"地理可视化"来描述可视化和制图的融合（见Dykes et al.，2005；Dodge et al.，2008）。

支撑地理可视化的技术上的变化不仅仅意味着我们要以不同的方式绘制地图，它们还导致我们设计和使用它们的方式发生了一系列更重要的变化。地理可视化常尝试创建逼真的场景，以尽可能多地显示数据，而不仅仅是简单地使用地图符号来表示选定的特征（Fisher and Unwin，2002）。在地理可视化领域，地图很少是面向普通受众的调查的最终产品。相反，它们是达到目的的手段。

因此，使地图易于在屏幕上绘制的主要结果是扩展其作用，从而使其成为可视化和分析工具。如图 3 - 1 所示，图 3 - 1（a）是传统的研究计划，以线性方式从问题到数据、分析和结论，其中地图是一个重要的表示工具。当代 GIS 的研究环境更像图 3 - 1（b）所示。数据以地图的形式随时可用，地图会引发问题。当然，研究人员也可能会遇到一系列问题，并通过把可用数据地图化开始寻找答案。在此过程中，作为中间产品生产出来的地图可能会引发进一步的问题并搜索更多数据。这一复杂而流动的过程一直持续到产生有用的结论。当然，传统方法从来没有像这里描述的那样死板或线性，而当代方法可能比这一描述所表明的更结构化。重要的一点是，地图已成为分析的工具，而不再只是结果展示的工具。地图角色变化的两个相关后果是地图学作为一门独特学科的消亡，以及认识到地图只是显示的一种形式。

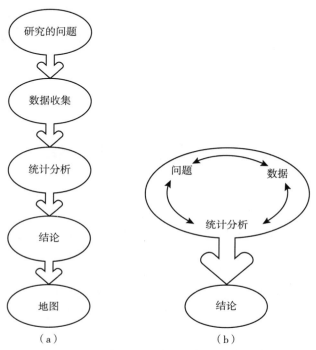

图 3-1　地图在分析过程中不断变化的作用

3.2　图形的变量

地图是在平面纸上绘制的，因此制图者显示信息的方式有限。贝尔廷（Bertin）认识到图形符号可以通过七种图形变量来表示不同的信息：位置、明度（value）、色调（hue）/颜色、大小、形状、间距/纹理和方向。

（1）位置。

符号放置在地图上的位置由地理位置决定，是显示空间关系的主要手段。虽然位置的属性对于许多类型的图形来说都很简单，但在地理上我们必须小心。这是因为更改使用的地图投影可以更改地图上符号的相对位置。

（2）明度。

是指符号的明暗程度。通常，符号明度的差异用于表示间程和比率尺度变量的差异。尽管在计算机制图中，较亮的阴影可能表示较高的值，但在纸质地图中，通常的规则是，符号越暗代表的值越高。需要注意的是，符号的明度与其被认为代表的数值之间的关系并不直接。

（3）色调。

通常被用于表示标称或序数尺度上的定性变量，而不是定量差异。如今，彩色打印成本较低，几乎所有的计算机显示器都能产生比我们的眼睛能够可靠识别的更多的色调，因此色调现在是一种广泛使用的图形变量。

（4）颜色。

颜色也是一个经常被滥用的图形变量，部分原因是它极其复杂。至少有四个原因。第一，色彩理论证明，色彩不仅仅是色调，还有红、蓝、绿等颜色的感觉。此外，我们必须考虑颜色的明度（value）、色度（chroma）及强度或亮度。第二，人的眼睛——大脑系统对颜色并不同样敏感。绿色最高，其次是红色、黄色、蓝色和紫色。第三，颜色具有文化联想，这会影响我们阅读包含这些颜色的地图的方式。第四，颜色的外观不是其自身色调、明度和色度的简单函数，它还取决于着色区域的大小和周围的颜色。在制图中使用颜色的黄金法则是要小心，因为颜色可能会产生比它解决的问题更多的问题。

（5）大小。

很明显，符号的大小可以用来表示数量差异。可以使用简单的线性函数，使得符号面积的增加与所表示的值成比例。然而，研究表明，大脑很难从符号大小来准确推断数量。

（6）形状。

符号的几何形状，可用于区分不同类型的物体。制图人员经常使用此变量表示不同类型建筑，或在道路地图上用线条的形状来区分不同等级的公路。

（7）间距。

图案中符号的排列和/或密度也可用于显示数量差异。在地图学中，一个简单的例子是，在点密度图中使用点图案来表示现象的面密度。

（8）方向。

可以使用图案的方向（例如交叉影线图案填充）来显示质量差异。

每个图形变量只应用于其适合显示的变量类型。例如，如果我们使用色调来显示定性信息中的差异，则色调效果很好，但尝试将其用于定量变化需要非常小心。相反，虽然明度和大小很好地显示了定量信息，但它们不适合显示质量差异。

计算机技术的发展使我们能够创造新的显示形式，使图形变量的数量远远超过原来的 7 个。这些新的制图变量包括创建地图序列的动画、创造性地使用地图投影、将地图链接回数据的能力以及将地图链接到其他图形的能力。

3.3　点的地图化

（1）点图。

我们可以绘制的最简单的地图是点图。点图中的每个点表示点位置处实体的标称层次属性；在前面的类型学中，我们使用位置作为图形变量。

布点的理论很简单：在被绘制的实例出现的每个位置放置一个点符号。因为，每个实体只有一个符号，所以这是一对一的地图化，符号的数量与表示的实体的数量相同。唯一的设计考虑是符号的形状、大小和色调。我们可以想象的最简单的符号是一个小的圆形黑点，其大小足以使点在最终地图上单独可见，但不会太大以至于相邻的点合并在一起。在理想情况下，当一个区域中放置更多的点时，结果在比例上应该更密集。不幸的是，实验表明，我们并不以这种方式感知点密度。在较宽的点间距下，表观密度的变化很快，但随着添加更多的点，能感知的变化较小，直到出现另一个较大的感知变化时，就会出现点合并。

（2）核密度图。

任何点定位事件的模式的一个关键特性是其总体面密度，这由单位面积的点事件数给出。在空间分析中，我们更愿意将其视为过程强度的估计 λ，它由下式给出：

$$\hat{\lambda} = \frac{n}{a} = \frac{\#(S \in A)}{a} \tag{3.1}$$

其中，$\#(S \in A)$ 是在研究区域 A 中发现的模式 S 的事件数，a 是该区域的面积。这一综合性的度量的用途通常很有限，因此，许多统计技术使用点的局部密度估计。这一思想是核密度估计（KDE）方法的基础。这个观念是，模式不仅仅是在发生事件的位置有密度，在研究区域的任何位置都有密度。通过计算以待估位置为中心的区域或核中的事件数来估计该密度。KDE 方法使用了一种把点对象转换为可轻松可视化的密度估计场的方法。

最简单的方法是使用一个以待估位置为中心的圆来计算落入该圆的点事件数，然后除以圆的面积。则 p 点的密度估计为：

$$\hat{\lambda}_p = \frac{\#(S \in C(p, r))}{\pi r^2} \tag{3.2}$$

式（3.2）中，C（p，r）是一个半径为 r 的圆，以感兴趣的位置 p 为中心，如图 3 - 2 所示。如果我们对整个研究区域的一系列位置进行估计，然后可以绘制生成的值，这给我们一个点模式的印象。

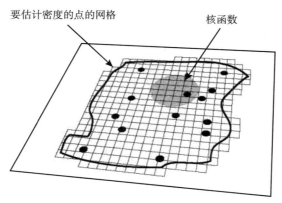

要估计密度的点的网格　　核函数

图 3 - 2　简单密度估计

基于 KDE 基本思想的更复杂变体是使用核函数，在估计局部密度时，核函数对附近事件的赋权比对远处事件的赋权更大。如果内核函数设计得当，KDE 会生成一个曲面，该曲面包围的体积相当于模式中事件总数 n。经常使用的 4 次核函数如图 3 - 3 所示。

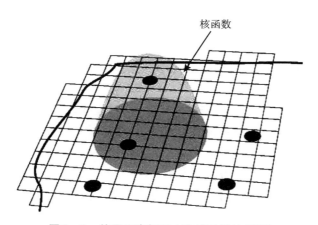

核函数

图 3 - 3　使用距离权重 4 次核函数的 KDE

也可以基于模式中点的距离构造其他函数形式，并用等效于简单带宽 r 的参数指定。这意味着该过程在某种程度上是任意的，但用距离加权核来拟合过程可以确保密度估计的结果曲面是连续的。如图 3 - 4 所示，用距离加权核来拟合过程生成的图是一个曲面，并且可以在其上绘制等高线，以表征高密度和低密度区域。

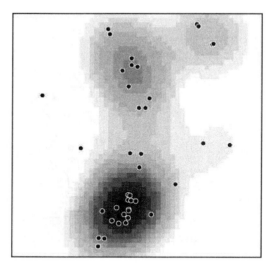

图 3 - 4　KDE 的一个典型结果曲面与其原始点模式

核带宽 r 的选择对最终估计的密度面影响很大。若带宽较大，则估计密度 $\hat{\lambda}_p$ 将在任何地方都相似，并接近整个模式的平均密度。若带宽较小，则曲面模式将重点关注单个事件，在远离任何事件的位置，密度估计为零。在实践中，通过关注在研究背景下具有一定意义的内核带宽来减少这个问题。例如，在研究已报告的犯罪地点模式时，我们可能会使用与巡逻车响应时间相关的带宽。通常，需要进行实验以获得满意的密度表面。

KDE 上的一个重要变体是允许将模式中的事件计数分配给点对象。例如，点可能对应于工作地点，并带有员工的相关计数。生成的 KDE 曲面显示了整个研究区域的"就业密度"，这个曲面可能是可视化其他非常复杂的分布信息的有用方法。

核密度变换是应用 GIS 分析中最有用的方法之一。它提供了一种非常好的方法来可视化点模式，以检测局部密度估计较高的"热点"。

（3）定位比例符号的地图。

如果我们系统地改变点符号的大小，则可以在定位的比例符号地图上显示在序数、间程和比率层次上测量的属性数据。其中的例子有一系列工厂的产出、他们雇用的人数或大面积城市的人口等。在每种情况下，数据都是点对象的属性，而不是从隐含连续域中提取的样本。比例符号地图最常见的样式是使用圆形，其面积根据要表示的值而变化。

这种方法的简单性隐藏了麻烦的技术细节。如果地图旨在允许用户根据符号大小估计数字数据，则会出现问题，并且函数形式的选择并不直接。人类的感知系统不能很好地感知圆形区域的增长。大多数人低估了较大圆圈相对于较小圆圈的大小，因此这种方法往往会导致低估较大数值。

另一种利用地理位置比例符号的点符号地图是饼图地图。这些地图显示了整体比例的构成的数据，例如，不同产品在工厂总产量中的比例。每个饼图符号按比例缩放以反映与之前相同的总数，但被细分为两个或多个不同着色的部分，饼图的每个部分（几乎总是使用圆的扇区）表示数据的一个组成部分。

3.4 面的地图化

（1）色块图。

可以绘制许多不同类型的地图来表示面数据。最简单的是色块图（color patch maps），其中图形符号（不一定是颜色）表示面上存在的特定属性。例如，人们可能会遮蔽中国所有被归类为城市性质的地区，或人均 GDP 超过规定阈值的地区。其中，最简单的是用一种颜色描绘一个标称类别，给出一个两阶的马赛克或二进制地图。当然，也可以使用多种颜色同时显示多个标称类别。

（2）分级图。

分级地图用于显示在强加的或不太常见的自然区域收集的间程或比率层次数据。该技术几乎在所有 GIS 中都可用。图 3 - 5 的示例试图显示某地约 250 个人口普查区单元的人口密度。地图有几个元素和两种不同类型的数据。首先，有生活在每个地区的实际人数。其次，有一些数据描述了统计聚合的面的轮廓。这些数据已被用于寻找该面，并根据该面计算人口密度。为了创建地图，将密度值分为五个带，并为每个带指定了一种阴影样式，从浅色（人口密度最低）到深色（人口密度最高）。

分级图近似于直方图的二维版本，其中单个小面与类具有相同的作用，地图化的密度值类似于直方图条的高度。分级图在某种意义上真实地反映了数据，但它们可能很难展示它们声称展示的潜在空间模式，这主要有以下四方面的原因。

①使用的面。这些是自然的还是强加的？如果是前者，它们是如何定义的，由谁定义的？如果是后者，使用的面是否合适？大面积区域是否主导了地图的外观？色块边界间的"步长"是否可能反映潜在现象的变化？

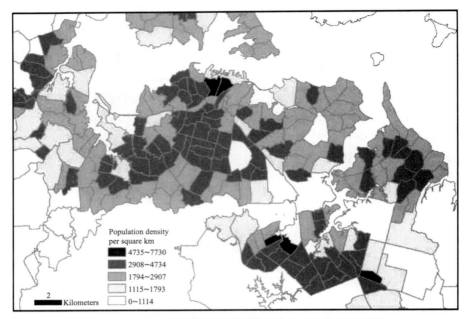

Population density
per square km
- 4735~7730
- 2908~4734
- 1794~2907
- 1115~1793
- 0~1114

2 ────── Kilometers

图 3－5　2006 年某地区统计面单元的人口密度的分级图

②数据。它们是某种计数吗？如果是这样，就有一种内在的趋势，即更大的面有更大的值，那么这张地图可能一文不值。只有当绘制的数字是比率、面密度（如单位面积的人口数）或人口比率（如该地区每千人口的出生数）时，分级地图才有意义。如果数据是比率，这些数据是基于较小的数字吗？如果是这样，地图化的值可能会因为微小变化而非常不稳定。如果我们在一个只有一个人的地区增加一个人，我们会使人口密度加倍，而在几千人中增加一个人几乎没有任何区别。

③使用的分类。在使用计算机之前，几乎所有分级图都是"分类的"，也就是说，每个数据值都被分配给这少数几个类中的一个。经验表明，五到七个类是合适的。但地图的外观通过改变类的数量得到显著改变。图 3－6 说明了这种影响。这些地图显示了 2006 年某地 53 个人口普查区单元中亚裔人口的百分比。左侧地图使用五个相等的间隔，而右侧地图使用五个"分位数"。因此，在决定分类方案之前，必须研究数据的统计频率分布。

④使用的符合系统。传统上，分级图是通过使用线"掩蔽"图案对每个区域进行着色来创建的，因此线越多，区域看起来越暗，值也越高。现在更常见的是使用单色的渐变来显示强度的增加。无论哪种方式，选择对地图着色的方式都会极大地影响其最终外观。为此，应将地理可视化和空间分析作为改进基本地图类型的一种方法。

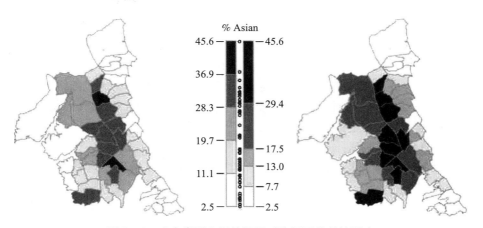

图 3 - 6 改变类型之间的间距对分级图外观的影响

（3）无级分级图。

现代显示器实际上不需要对分级图进行分类，因为它们能够根据需要显示尽可能多的色调。如今无级分级图是相对常见的。尽管这种方法有一些吸引人的特点，但它绝不是选择适当类间间隔问题的解决方案，因为人类视觉系统不善于判断与一系列可能值域相关的精确色度。这使得地图阅读者很难估计无级地图中特定单位的值。

（4）相对速率图。

分级图的另一个提升是修改要绘制的数字，而非制图。有时，数据集的面积计数是非常小的数字，其中许多是零。此类数据的频率分布非常不正常，使得类间间距的选择变得困难，并且计算出的速率对于数据中的微小变化将不稳定，当某些区域的计数接近零时，会导致荒谬的地图。一种简单的方法是在计算之前，将每个值加 1。这可以稍微地区分零值区域，但不稳定性问题仍然存在。另一种方法是绘制相对于某些假设分布的面的得分数，以产生更合理的分级图。例如，在人口普查地图集中，使用符号化的卡方统计（signed chi-square statistic）绘制一系列变量。它被定义为每个分区中的实际数量与在均匀分布人口假设下的预期数量之差的平方除以预期值本身，这与传统的卡方统计中的情况非常相似。平方的使用要求每个值在计算后添加其正（高于预期）或负（低于预期）符号，地图化的值使用以零为中心的双极刻度（bipolar scale）显示。一种更简单的替代方法是使用更简单的平方根关系 $(O_i - E_i)/\sqrt{E_i}$，它自动处理符号。另一种方法是，假设潜在分布为泊松分布，地图化得到比观察值更极端或更极端的值的概率。最后，可以采用贝叶斯方法解决该问题，根据比率的某些先验置信度，调整每个区域中的估计比率，使其远离或朝向比率的整体全局值。

（5）分区密度图。

已经有很多人尝试使用底图的转换来产生更好的可视化效果。例如，如果要可视化的数据与人口的某些方面有关，并且分区来自某个人口普查分区，那么在计算面积密度估计时，在每个分区中排除没有任何住宅的土地部分（如公园、水体和商业场所）是有意义的。这种地图化被称为分区密度。

（6）面对象的曲面模型。

另一种变换面基准的方法是，从构成面对象的不规则分区的模式中估计连续的比率曲面，并将其可视化为曲面显示。随着空间数据以越来越高的空间分辨率可用，所用分区的大小变得越来越小，使得基本分级图数据可以像统计学家使用直方图那样的方式使用 KDE 变体（Thurstain – Goodwin and Unwin，2000；Donnay and Unwin，2001）或精细栅格插值（Martin，1989）来用作一些基本连续空间密度场的估计。一旦获得这种表面转换，就可以使用标准表面处理进一步探索数据（Dykes et al.，1997）。

（7）面统计图。

最后一种改进面聚合数据可视化的方法是将数据重新投影到面统计图库中。在面统计图上，绘制了分区本身，以使每个分区的面积与其他变量（如分区的人口）成比例。面统计图是地图投影的一种形式。它所做的是系统地对地图上每个区域像另一个变量的函数那样局部地扩展/收缩面积。目前使用的最流行的算法可能是多林（Dorling，1992；1995）的算法，以及最近加内和纽曼（Gasner and Newman，2004）的算法。

3.5 场的地图化

（1）点值：点高程、基准点和气泡图。

空间连续场可以以各种方式地图化。最简单的方法是绘制多个点的实际数据值。选择的点可以是表面上的重要要点，例如峰谷、随机采样的结果或系统网格上的值。地形图通常将点高程显示为点符号，数值写在旁边。位置和值都能准确显示，但地面上没有地图上的实体。相比之下，地形图上显示的基准点和三角测量点通常也以某种方式在地面上标记。这种点高度信息具有准确性和真实性的优点，但仅显示已知的数据，不提供给地图用户任何其他解释。主要缺点是没有给出场的整体形状（空间结构）的印象，但这种整体印象取决于数据值的某种形式的插值，以创建完整的曲面模型。第三种方法是根据每个数据点位置的均值使用不同大小或颜色符号进行显示，由此得到的图被称为气泡图。

（2）等高线和等值线。

等值线是表示连续数据场的标准方法，其中最常见的是等高线地形图。在等值线地图化中，我们将场中具有相同高度（z）值的所有位置进行假想的连接，以形成三维曲线。然后将这些曲线投影到二维表面上，以生成等值线或等高线图。等值线显示场的绝对值，并通过其间距提供有关其梯度的信息。生成的图是场上方无限远的视图，即没有透视效果的垂直或正交视图。通常，等值线被描述为具有适当颜色的精细连续线，在某些位置断开以允许标记。控制地图外观的最重要因素是等值线的数量以及使用的间距。

第 4 章
作 为 过 程 结 果 的 地 图

模式为可能的因果过程提供线索。地图和其他可视化对分析人员的持续有用性在于他们从其所展示的现象中提出模式的能力。

4.1 过程及其形成的模式

在将统计分析应用于空间数据时，除了存在空间自相关、MAUP、尺度和边界效应等技术问题外，还有另一个可能更麻烦的问题，因为空间数据通常不是标准统计意义上的样本，所以它似乎使得推断统计的应用变得可疑，甚或是错误的。通常，我们只对了解所要研究的区域感兴趣，而不是对整个世界作出更广泛的推断，因此数据是所有感兴趣的人群。例如，如果我们想根据大约 1000 个县的数据来确定 10 个经济发展程度较低省份的地区生产总值增长率、投资增长率、教育投入等，那么我们可以简单地进行计算，因为我们有所有需要的数据。

对这个问题的一个回应是，不要试图说任何关于空间数据的统计信息。因此，我们可以描述和绘制空间数据，而无须评论其可能性，也无须对其均值或任何其他信息进行良好估计。这是一个完全合理的方法，因为我们能够访问完整的数据集。这当然避免了"江西省县级单元的平均人口为：95% 的置信区间是 45 ± 4.5 万"等说法中固有的矛盾。

另一种可能性是从空间过程及其可能实现的角度进行思考。在此视图中，观察到的地图模式可能是由假设过程生成的可能模式之一。而统计分析侧重于围绕"我们观察到的模式是否是由这一特定过程产生的？"这一问题产生的议题。

（1）确定性过程。

空间过程是对如何生成空间模式的描述。通常，过程描述是数学的，也可能是确定性的。例如，如果 x 和 y 是两个空间坐标，则方程：

$$z = 2x + 3y \qquad (4.1)$$

描述了在 x–y 平面的每个位置产生 z 数值的空间过程。若我们将任何一对位置坐标代入该方程，则返回 z 的值。例如，位置（3，4）的 x = 3，y = 4，因此 z = (2×3) + (3×4) = 6 + 12 = 18。许多其他位置的 z 值如图 4–1 所示。该图中，虚线为等高线。因为过程是确定性的，这是唯一的可能实现。该方程描述的实体是一个空间连续场。图中的等高线显示，z 场是一个从西南向东北穿过地图区域的简单的斜面。

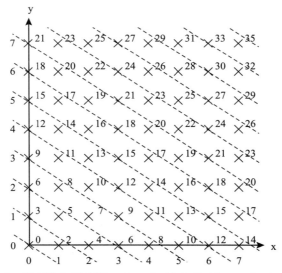

图 4–1　确定性空间过程 z = 2x + 3y 的实现（0≤x≤7，0≤y≤7）

这种空间过程不是很有趣，因为它总是在每个位置产生相同的结果，这就是术语确定性的含义。无论该过程实现或"成为现实"多少次，位置（3，4）处的 z 值都将为 18。

（2）随机过程及其实现。

地理数据很少以这种确定性的方式确定。更常见的情况是，它们似乎是偶然过程的结果，其结果取决于不能由数学函数精确给出的变化。这种明显的偶然因素似乎是涉及个人或集体的人类决策过程所固有的。此外，无法精确测量可能会将随机误差引入到即使是唯一确定的空间模式中。无论这种偶然变化的原因是什么，其结果是：相同的过程可能会产生许多不同的结果。

如果我们在过程描述中引入随机元素，那么它将变得不可预测。例如，与前一个过程类似的过程是 $z = 2x + 3y + d$，其中 d 是在每个位置随机选择的值（例如 -1 或 $+1$）。现在，每次实现这个过程都可能产生不同的结果。

式（4.2）的两种实现如图 4－2 所示。如果你画同样的等值线，你会发现，虽然从西南到东北仍有总体的上升，但这些线不再是直的。这个过程实际上有无限多的可能实现。如果感兴趣的只是此处显示的 64 个位置，那就可以观察到 2^{64}，即 18446744073709551616 种可能的实现。

$$z = 2x + 3y \pm 1 \tag{4.2}$$

左图（实现一），横轴 x（0～7），纵轴 y（0～7）：

y \ x	0	1	2	3	4	5	6	7
7	20	24	26	26	28	30	34	34
6	17	19	21	23	25	29	31	33
5	16	16	18	22	22	26	26	28
4	11	15	17	17	21	23	25	25
3	8	10	14	16	16	18	20	22
2	7	9	9	11	15	17	19	21
1	4	6	6	10	12	14	14	18
0	-1	1	5	5	7	11	13	15

右图（实现二），横轴 x（0～7），纵轴 y（0～7）：

y \ x	0	1	2	3	4	5	6	7
7	22	22	24	26	28	32	34	36
6	19	21	21	25	27	29	31	31
5	16	16	18	21	24	26	30	
4	11	13	15	17	21	25	25	
3	8	12	12	14	18	18	22	22
2	7	9	12	15	15	17	17	21
1	2	4	6	10	12	16	18	
0	-1	3	5	5	7	11	13	13

图 4－2　随机空间过程的两个实现（$0 \leqslant x \leqslant 7$，$0 \leqslant y \leqslant 7$）

独立随机过程（independent random process，IRP）有时也称为完全空间随机性（complete spatial randomness，CSR）。每次定位一个点（在统计语言中称为事件）时，都是从固定的基本概率分布中随机选择一个样本值，假设在 0～99 范围内的每个整数值被选择的机会均等。这是一个均匀的概率分布。显然，尽管每次的过程都是相同的，但可以生成外观截然不同的地图。每个地图都是过程的一个实现，这个过程涉及从固定、均匀的概率分布中进行的随机选择。严格来说，因为在我们的操作中，事件只能发生在 $100 \times 100 = 10000$ 个地点，而非研究中的任何地方，这个例子并不完全是 IRP/CSR。通过生成实值随机坐标而非整数随机坐标，可以在电子表格设置中轻松解决此问题。

必须明确三个问题：

①随机一词用于描述符号定位的方法，而不是结果的模式。说的是过程，而不是说模式是随机。我们还可以使用其他基本概率分布（而不仅仅是均匀概率）随机生成实现图。

②我们正在讨论的随机过程生成的地图都显示了一种空间模式。有时会感到惊讶,因为从均匀概率分布中随机选择可以得到明显的事件的集聚。

③绝不能断言空间模式最终是偶然事件。

4.2 预测过程生成的模式

现在,我们将使用点过程产生的点图的示例来说明,如何通过一些基本假设和一些数学知识,推断出过程中产生的模式。在可以生成点符号图的无限多个过程中,最简单的是没有空间约束的操作,即 IRP 或 CSR。在形式上,IRP 假设了两个条件:

①等概率条件。这表明,任何事件处于任何位置的概率相等,或者等效地,地图的每个小分区接收事件的概率相等。

②独立条件。这表明任何事件的定位独立于任何其他事件的定位。

这种过程可能适用于实体位置不受环境质量变化或实体之间距离影响的真实情况。

事实证明,很容易得出该过程的长期预期结果,用我们期望在一组大小相等且不重叠的区域(称为样方)中发现的事件数表示。图 4-3 显示了一个区域,其中有 10 个事件(点),分布在 8 个六边形样方上。

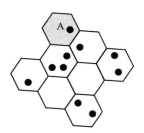

图 4-3 样方计数

在图 4-3 中,所谓的样方计数表明,我们有 2 个没有事件的样方、3 个有 1 个事件的样方、2 个有 2 个事件的样方和 1 个有 3 个事件的样方。

我们的目标是推导上述 IRP 中这些数字的预期频率分布。将我们的研究区域划分为这八个样方进行样方计数。在特定样方中发现任何一个事件的概率是多少?或两个事件呢?或三个呢?显然,这取决于模式中事件的数量。在我们的示例中,模式中有 10 个事件,我们感兴趣的是确定在特定样方中发现 0,1,2,…,10 事件的概率。显然,在我们的假设下,所有

10 个事件都位于同一样方中的可能性非常低，而在一个样方中仅获得 1 个事件的可能性相对较高。

为了确定这种预期的频率分布，我们需要通过一系列步骤建立数学模型。第一步我们需要知道在特定样方中发生任何单个事件的概率。对于模式中的每个事件，它发生在我们正在查看的特定样方（例如阴影样方）中的概率由样方代表的研究区域的分数给出。由于所有样方大小相同，并且所有 8 个样方一起填充了研究区域，因此，该概率由以下公式得出：

$$P（事件 A 在阴影样方）= \frac{1}{8} \tag{4.3}$$

这是我们假设事件在研究区域任何地方发生的概率相等的直接结果，即在想象的过程中没有一阶效应。

现在进入第二步。对于事件 A 是在同一特定样方中观察到的唯一事件，则必须是 A 在该样方中（概率为 $\frac{1}{8}$），以及其他九个事件 B，C，…，J 不在样方中（每一个都以 $\frac{7}{8}$ 的概率出现。因为在样方中的概率是 $\frac{1}{8}$，所以不在样方中的概率就是 $\frac{7}{8}$）。因此，A 是样方中唯一事件的概率由下式得出：

$$P（只事件 A）= \frac{1}{8} \times \frac{7}{8} \times \frac{7}{8} \times \frac{7}{8} \times \frac{7}{8} \times \frac{7}{8} \times \frac{7}{8} \times \frac{7}{8} \times \frac{7}{8} \times \frac{7}{8} \tag{4.4}$$

也就是说，$\frac{1}{8}$ 乘以 $\frac{7}{8}$ 的九次，每次对应于我们在样方中不感兴趣的每个事件。由于第二种假设，即每个事件位置独立于所有其他事件位置，因此上述等式中的概率乘法是可能的，这是一种声明，表明想象过程中没有二阶效应。

第三步为如果我们在一个特定样方中观察到一个事件，它可能是模式中 10 个事件中的任何一个，不一定是事件 a，因此有 10 种方法可以在该样方中仅获得一个事件。因此，我们有：

$$P（只 1 个事件）= 10 \times \frac{1}{8} \times \frac{7}{8} \times \frac{7}{8} \times \frac{7}{8} \times \frac{7}{8} \times \frac{7}{8} \times \frac{7}{8} \times \frac{7}{8} \times \frac{7}{8} \times \frac{7}{8}$$
$$\tag{4.5}$$

事实上，在特定样方中观察到 k 个事件的概率的一般公式为：

$$P（k 个事件）=（k 个事件可能的组合数）\times \left(\frac{1}{8}\right)^k \times \left(\frac{7}{8}\right)^{10-k} \tag{4.6}$$

来自一组 n 个事件的 "k 个事件的可能的组合数" 的公式是众所周知的，由式（4.7）得出：

$$C_k^n = \frac{n!}{k!(n-k)!} = \binom{n}{k} \tag{4.7}$$

把式（4.7）代入式（4.6），得到：

$$P（k 个事件）= C_k^{10} \times \left(\frac{1}{8}\right)^k \times \left(\frac{7}{8}\right)^{10-k}$$

$$= \frac{10!}{k!（10-k）!} \times \left(\frac{1}{8}\right)^k \times \left(\frac{7}{8}\right)^{10-k} \tag{4.8}$$

现在，我们可以依次将 k 从 0 到 10 的每个可能值代入该方程，并基于 10 个事件的点模式的 8 个样方得出样方计数的概率分布。结果的概率如表 4-1 所示。

表 4-1 概率分布计算

样方中的事件数，k	k 个事件的可能组合，C_k^n	$\left(\frac{1}{8}\right)^k$	$\left(\frac{7}{8}\right)^{10-k}$	P（k 个事件）
0	1	1.00000000	0.26307558	0.26307558
1	10	0.12500000	0.30065780	0.37582225
2	45	0.01562500	0.34360892	0.24160002
3	120	0.00195313	0.39269590	0.09203810
4	210	0.00024412	0.44879532	0.02300953
5	252	0.00003052	0.51290894	0.00394449
6	210	0.00000381	0.58618164	0.00046958
7	120	0.00000048	0.66992188	0.00003833
8	45	0.00000006	0.76562500	0.00000205
9	10	0.00000001	0.87500000	0.00000007
10	1	0.00000000	1.00000000	0.00000000

这种分布在统计学中非常常见，因此它的名称是二项式分布，由下式给出：

$$P(n, k) = \binom{n}{k} p^k (1-p)^{n-k} \tag{4.9}$$

稍加考虑就会发现，在样方计数情况下，概率 p 由每个样方的大小相对于研究区域的大小给出。也就是说，

$$p = \frac{样方面积}{研究区面积} = \frac{\frac{a}{x}}{a} = \frac{1}{x} \tag{4.10}$$

其中，x 是研究区划分的样方数量。这为我们提供了 IRP 生成的点模式的样方计数概率分布的最终表达式：

$$P(k, n, x) = \binom{n}{k}\left(\frac{1}{x}\right)^k\left(\frac{x-1}{x}\right)^{n-k} \tag{4.11}$$

这是一个简单的二项分布，$p = 1/x$，其中 n 是模式中的事件数，x 是使用的样方数，k 是样方中的事件数。

这些结果非常重要。实际上，我们指定了一个过程——IRP，并使用一些数学来预测样方计数的频率分布，从长远来看，其实现应该会产生。因此，这些概率可以用作任何观察到的真实世界分布的判断标准。例如，图 4-3 中的小点模式具有观察到的样方计数分布，如表 4-2 所示。

表 4-2   **样方计数与二项式分布计算的预期频率分布进行比较**

k	样方数	观察到的概率	预期概率
0	2	0.250	0.2630755
1	3	0.375	0.3758222
2	2	0.250	0.2416000
3	1	0.125	0.0920381
4	0	0.000	0.0230095
5	0	0.000	0.0039445
6	0	0.000	0.0004696
7	0	0.000	0.0000383
8	0	0.000	0.0000021
9	0	0.000	0.0000001

我们可以将观察到的样方计数分布与表 4-1 中二项式分布计算所预测的分布进行比较。为了便于比较，将这些比例添加为表 4-2 的最后一列。如果图 4-4 中的点模式是由 IRP 生成的，则观察到的比例似乎与我们预期的非常相似。这通过审视绘制在同一轴上的两个分布来证实，如图 4-4 所示。

由于我们还知道二项式分布的理论均值和标准差，因此，可以使用通常的统计推理和检验使该观察更精确。

综上所述，我们可以形成观察到的空间模式是 IRP 造成的零假设，并判断观察到的模式是否是该过程的可能实现。

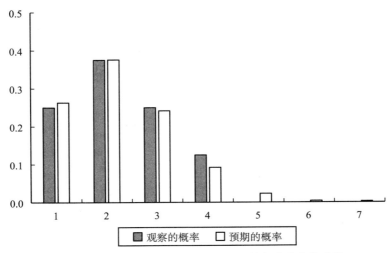

图4-4 样方计数模式的观察和预测的频率分布的比较

然而，上面导出的二项式表达式通常不太实用。即使是中等大小的 n 和 k 值，也很难计算所需的阶乘。例如，50! $\approx 3.0414 \times 10^{64}$，而 n =50 将表示小的点模式，n 的值为 1000 或更大也并不罕见。幸运的是，事实证明，即使对于 n 的中等的值，泊松分布也非常接近二项式分布。泊松分布由以下公式得出：

$$P(k) = \frac{\lambda^k e^{-\lambda}}{k!} \tag{4.12}$$

λ 是每个样方图案的总强度，e ≈ 2.7182818。为了确认这是一个良好的近似值，例如图 4-4 中考虑的示例，如果每个六角形样方具有单位面积（即1），则 λ =10/8 =1.25，我们获得表 4-2 中给出的比例。对于较大的 n，泊松近似比这更接近，因此它几乎总是足够的，并且非常容易计算。

4.3 直线、面和场的随机过程

前面，我们主要关注 IRP/CSR 在空间点过程中的应用。同样的用数学定义空间过程的思想也被应用于直线、面和连续场的值的生成。

（1）线对象。

正如点对象具有空间模式一样，线对象具有长度、方向和连接（如果它们构成网络的一部分），也同样具有相应的空间模式。

从独立随机假设出发，霍洛维茨推导了五种基本形状的给定长度直线的概率：正方形、矩形、圆形、立方体和球体。他的矩形结果如图 4-5 所示。图中的直方图是基于这种情况的电子表格模拟，而直线显示了霍洛维茨推导的理论概率密度函数。

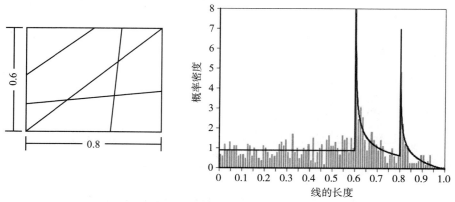

图4-5　理论概率密度函数（直线）和穿过矩形区域的
直线长度分布的单个实现（直方图）

在连续概率分布中，与任何真实路径长度相关的概率非常小。因此，绘制的是概率密度，即每单位长度变化的概率。该概率密度函数深受区域形状的影响。

一个相关但更复杂的在地理学上更具适用性的问题是在不规则形状内建立所有可能距离的概率。泰勒（Taylor，1971）认为，形状对获得的路径长度的频率分布有很大影响，应使用约束分布来评估观察结果，有必要使用计算机模拟而不是数学分析。

IRP 的思想已被更成功地用于研究线方向的特性。假设直线在圆心处有一个共同的原点，并在周长上随机选择点，测量直线方向作为与北方的角度，如图4-6所示。

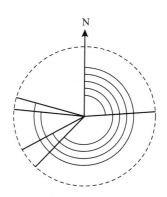

图4-6　随机生成线段，并测量其相对于北方的角度

　　线路数据通常被组织在网络中。由于此类网络中的节点不一定是空间嵌入的，因此此类工作与连接到网络中的节点具有明确定义的地理位置的情况不太相关。

　　过去，通常将网络连接模式表示的网络结构视为给定，试图将该结构与沿着各种路径的流量联系起来。然而，自然树网络具有连接模式，这很可能是随机模型的实现。

　　相比之下，对非树状空间嵌入网络（实际上，大多数网络）的统计分析关注较少。可以以一个随机模型为起点，并将其预测与具有相同节点和链路数的任何观察网络的预测进行比较。在这里，我们将链接分配给节点，但有一个重要的不同。虽然节点之间的每个链路的分配可以随机完成，因此在每个步骤中，所有节点都具有相同的链接概率，但每个放置都减少了可用的可能链路的数量；因此，特定链路的概率将发生变化。这个过程仍然是随机的，但现在它涉及放置之间的依赖性。如果有 n 个节点的 q 路径分布在其中，那么，考虑这种依赖性的适当的概率分布是超几何分布。

　　相关工作的另一个领域是随机游走的统计。随机游走是在连续空间或格栅或网格上产生一系列点位置的过程。随着 GPS 设备的微型化，我们记录运动轨迹的能力增强，这项工作与研究诸如拥挤建筑物和街道中的人的运动模式等主题变得更加相关。随着 GPS 在日常生活中变得越来越普遍，尤其是在手机中，因此此类跟踪数据更容易用于分析，随机行走理论的基本思想很可能在地理应用中变得相关。一个关键的挑战是将高度抽象的纯随机游动模型应用于更受约束的情况，例如道路网络上的行程。

　　（2）面对象。

　　基于面数据的地图很常见的。然而，它们是需要地图化和分析的最复杂的案例。就像点和线一样，我们可以假设一个过程，然后检查面对象的特定观察模式和分配给它们的值是该过程的一个实现的可能性。一个面的模式的 IRP/CSR 过程的等效方法是，像在分级地图中一样，随机"着色"区域，以创建分色地图或为区域赋值。在这两种情况下，可以将该过程视为独立随机过程（IRP/CSR），并将观察到的地图视为该过程的潜在实现。

　　事实上，在现实世界中，随机着色地图是罕见的。在尝试将 IRP/CSR 应用于面数据时出现的另一个复杂问题是，面之间的邻接模式涉及模式描述度量的计算。这意味着，有关地图上值或颜色的总体频率分布的信息不足以计算图结果的预期范围。事实上，在预测可能的值排列时，必须单独考虑面积单元的任何特定空间排列。但这也带来了强大的额外复杂性，因此通常使用计算机模拟而不是数学分析来预测可能的模式。

（3）场。

IRP 也可用作连续空间场分析的起点。与面对象一样，简单随机场模型只是一个开始。处理连续场变量的统计理论分支称为地统计学（见 Isaaks and Srivastava，1989；Cressie，1991），该分支从 IRP/CSR 发展出具有三个元素的场变量模型：

①确定性的大规模空间趋势。

②在此基础上叠加了一个区域化变量，其值取决于自相关，并且从空间自相关的知识中可以部分预测。

③真正的随机误差分量或无法预测的噪声。

例如，如果我们的场变量包括我国海洋区域的降雨量，那么我们可能会发现，随着我们向内陆移动，平均值会出现广泛的区域性下降（趋势），叠加其上的是取决于本地的面的高度的局域值（区域化变量的值），最重要的是这个局域值是一个真正的随机分量，代表测量中的那个局部效应和固有的不确定性。

第 5 章
点 模 式 分 析

5.1 引 言

点模式展示了最简单的空间数据，其中唯一的数据是一组点对象的位置。在应用程序中，能够描述点事件形成的模式，并测试在特定区域是否存在某种事件的集中或聚类，或者是否存在一些证据表明对象在空间中均匀分布。

点模式由研究区域中的一组事件组成。每个事件表示在研究区域的特定位置存在我们感兴趣的类型的点对象，但在任何给定位置可能存在多个此类事件。n 个事件的点模式是一组位置 $S = \{s_1, s_2, \cdots, s_i, \cdots, s_n\}$，其中每个事件（或点）$S_i$ 具有位置坐标 (x_i, y_i)。该模式发生在具有面积 a 的研究区域 A 中。每个事件的位置在数学上由一个向量表示，用加粗的字体写成：s。

5.2 描述点模式

通常，有两种基于点密度和点分离的相互关联的方法。这些反过来又与我们已经提到的空间模式的两个不同方面有关：一阶和二阶效应。一阶效应表现为空间上的过程强度的变化，我们将其估计为观察到的事件的空间密度。当标记一阶效应时，绝对位置是观察值的重要决定因素。在点模式中，观察到每个单位面积的事件数量在空间上的明显变化，这些变化是由于某些因素的变化而产生的，这些因素使位置对发生在其中的事件或多或少具有"吸引力"。当二阶效应较强时，位置之间存在与它们之间距离有关的相互作用，相对位置很重要。在点模式中，这种影响表现为相邻或附近事件之间的距离缩短或增加。

这种一阶/二阶区分很重要，但有必要再次强调，在实践中，仅仅通过观察事件密度的空间变化通常不可能区分影响。这一困难如图 5-1 所示。在图 5-1（a）中，我们通常会说点模式中存在一阶变化，其观察到的密度从东北角向西南角增加，在西南角密度最高。在图 5-1（b）中，二阶效应很强，事件在不同的集聚点中成组分布。显然，这种分布也可以用一阶的强度变化来描述，但从相互靠近的事件分组的角度来考虑更有意义。图 5-1（c）显示了在更复杂的情况下区分这两种影响的困难。与图 5-1（a）一样，仍有东北—西南走向，但也如图 5-1（b）一样有集聚的迹象。不可能用单独的一阶和二阶效应来简单描述这种模式。

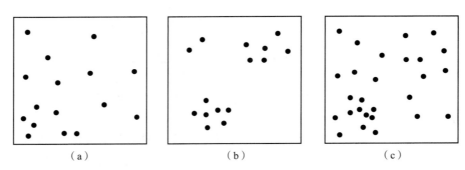

（a） （b） （c）

图 5-1 区分一阶和二阶效应的难度

可以用以下六种方法来描述点模式。

（1）中心描记法。

我们可以先应用简单的描述性统计来提供点模式的概要描述。例如，点模式 **S** 的平均中心由以下公式得出：

$$\bar{s} = (\mu_x, \ \mu_y) = \left(\frac{\sum\limits_{i=1}^{n} x_i}{n}, \ \frac{\sum\limits_{i=1}^{n} y_i}{n} \right) \tag{5.1}$$

也就是说，$\bar{s}$ 是其坐标为模式中所有事件的相应坐标的平均值的点。我们还可以计算模式的标准距离：

$$d = \sqrt{\frac{\sum\limits_{i=1}^{n} (x_i - \mu_x)^2 + (y_i - \mu_y)^2}{n}} \tag{5.2}$$

它提供了事件在其平均中心周围的分散程度的度量。这些测量值可用于绘制点模式的以（μ_x，μ_y）为中心、d 为半径的概要圆，如图 5 - 2（a）所示。

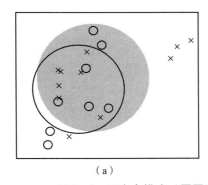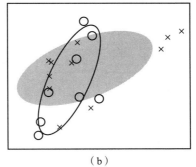

（a）　　　　　　　　　　　　　　（b）

图 5 - 2　两个点模式（圆圈和十字）的概要圆和平均椭圆

注：黑色轮廓的圆和椭圆概括了圆圈事件，而灰色阴影的圆面和椭圆面概括了十字事件。

事件位置坐标的更复杂操作会产生标准距离椭圆，如图 5 - 2（b）所示，其中每个轴的标准距离分别计算。概要椭圆表示点模式的整体形状及其位置。在这种情况下，分别对两个正交方向进行计算，并通过三角学对结果进行解析，以获得椭圆长轴和短轴的正确方向。

我们将这些方法称为中心图，有时用于比较点模式或跟踪模式随时间的变化。但它们不能提供关于模式本身的太多信息，并且对所选研究区域的边界极为敏感。模式本身的描述更多地与模式内不同地方的变化以及模式研究区域内事件之间的关系有关。因此，需要更复杂的测量来充分表征模式。

（2）基于密度的点模式度量。

基于密度的点模式描述方法根据其一阶特性来表征模式。可以由下式来确定点模式的大致密度或整体强度的估计：

$$\hat{\lambda} = \frac{n}{a} = \frac{\#(S \in A)}{a} \tag{5.3}$$

其中，$\hat{\lambda}$ 是估计强度，$\#(S \in A)$ 是在面积为 a（单位是平方米或平方千米）的研究区域 A 中发现的模式 S 中的事件数。密度作为衡量指标的一个很大问题是其对研究区域定义的敏感性。当我们试图计算"局部"密度时，这个问题尤其严重。在图 5 - 3 中，具有面积 a、4a、16a 和 64a 的连续较大区域中的事件总数分别为 2、2、5 和 10。如果 a 是单位面积（例如，1平方千米），则密度为 2.0、0.5、0.31 和 0.15，中心点周围的密度随研究区域而变化。如果不诉诸微积分，就没有简单的方法来处理这个问题。该密度方法是解决这个问题的一种可能方法。

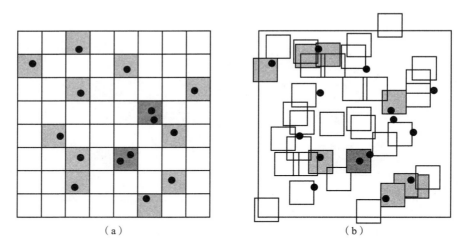

图5-3　两种样方计数方法：穷举普查（左）和
随机抽样（右），包含事件的样方被着色

（3）样方计数法。

概要统计数据（如总体密度）会丢失很多信息，而且对研究区域的定义的依赖性很大。解决这个问题的一种方法是使用样方计数法（见图5-3）。这可以通过对完全填充研究区域且没有重叠的样方进行彻底普查来实现（穷举普查法），也可以通过在整个研究区域随机放置样方并计算其中发生的事件数来实现（随机抽样法）（见 Rogers，1974；Thomas，1977）。

随机抽样方法更常用于野外工作。随机采样也可以通过添加更多样方来增加样本量。这可能有利于相对稀疏的模式，其中需要较大的样方来"捕捉"任何事件，但这将快速穷尽只有少量样方的研究区域。采样方法还可以在整个模式不具有的完整数据的情况下描述点模式。对野外工作来说，这是一个明显优势，前提是要注意消除关于样方放置位置的任何偏差；否则，可能会产生非常误导性的印象。值得注意的是，抽样方法可能会错过模式中的事件。该抽样方法实际上是通过随机采样的方式来估计样方形状区域中可能发生的事件数。

基于穷举普查的方法更常用于空间应用，其中测量的事件数据是我们的所有数据，没有机会对模式进行采样。原点和样方方向的选择会影响观察到的频率分布，样方的选择大小也会产生影响。大型样方会产生对模式非常粗略的描述，而随着样方大小的减小，许多样方将不包含事件，只有少数样方将包含不止一个事件，因此计数集无法用作模式可变性的描述。

详尽的样方也可以采用六边形或三角形，如图5-4所示。

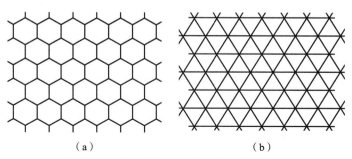

（a）   （b）

图5-4 样方普查中使用的替代样方形状

无论我们采用哪种方法，结果都是记录每个样方中发生的事件数的样方计数列表。这些被转换成一个频率分布，这个分布列出了有多少样方包含零事件，有多少样方包含一个事件，有多少样方包含两个事件，等等。

作为一个例子，我们看看一家特定公司在某地（2000年末）的咖啡店分布情况。该分布如图5-5所示，有 $n=47$ 家咖啡店。使用 $x=40$ 个样方来计数，我们得到平均样方计数 $\mu=47/40=1.175$。图5-5中显示了每个样方的计数。

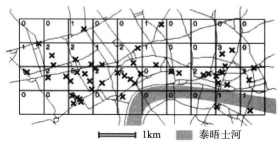

1km   泰晤士河

图5-5 某地的咖啡店

这些样方计数汇总在表5-1中，从中，我们计算出观察到的方差 s^2 为 $85.775/(40-1)=2.19936$。这些计数的一个有用的概要性的度量是其方差与均值的比率，即方差—均值比（variance-mean ratio，VMR），如表5-1所示，其观察值为 $2.19936/1.175=1.87180$。我们在前面介绍的由 IPR/CSR 过程产生的泊松分布的一个特性是其均值和方差相等，因此，如果样方计数描述这种分布，则其 VMR 应为 1.0。而这里观察到的 VMR 几乎是泊松分布值的两倍。因此，它表明样方计数之间的高可变性，这也意味着更多的样方包含的事件比偶然预期的要少或多，所以这表明这儿存在集聚。在这种情况下，三个样方包含五家咖啡店，这一发现对结果有很大贡献。一般来说，VMR 大于 1.0 表示模式中有聚集的趋势，VMR 小于 1.0 表示均匀分布。

表 5 – 1　　　　　　　　　　咖啡店的样方计数和方差计算

事件数，K	样方数，X	$K - \mu$	$(K - \mu)^2$	$X(K - \mu)^2$
0	18	– 1. 175	1. 380625	24. 851250
1	9	– 0. 175	0. 030625	0. 275625
2	8	0. 825	0. 680625	5. 445000
3	1	1. 825	3. 330625	3. 330625
4	1	2. 825	7. 980625	7. 980625
5	3	3. 825	14. 630625	43. 891875
总和	40	—	—	85. 775000

（4）基于距离的点模式度量。

使用基于密度的方法的替代方法是查看点模式中事件之间的距离。这为模式的二阶属性提供了更直接的描述（见图 5 – 6）。

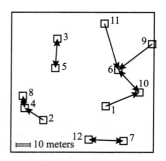

图 5 – 6　小规模的点模式中的最近邻距离

注：每个事件的最近邻居位于它的箭头指向的方向。

点模式中一个事件的最近邻距离是该事件到这个点模式中的最近事件的距离。位置 s_i 和 s_j 处事件之间的距离 $d(s_i, s_j)$ 为：

$$d(s_i, s_j) = \sqrt{(x_i - x_j)^2 + (y_i - y_j)^2} \tag{5.4}$$

用 $d_{min}(s_i)$ 表示事件 s_i 的该值，则常用的测量值是克拉克和埃文斯（1954）最初提出的平均最近邻距离：

$$\overline{d}_{min} = \frac{\sum_{i=1}^{n} d_{min}(s_i)}{n} \tag{5.5}$$

图 5-6 中点模式的计算如表 5-2 所示。

表 5-2 点模式的最近邻距离计算

点	X	Y	最近的邻点	D_{min}
1	66. 22	32. 54	10	25. 59
2	22. 52	22. 39	4	15. 64
3	31. 01	81. 21	5	21. 11
4	9. 47	31. 02	8	9. 00
5	30. 78	60. 10	3	21. 14
6	75. 21	58. 93	10	21. 94
7	79. 26	7. 68	12	24. 81
8	8. 23	39. 93	4	9. 00
9	98. 73	77. 17	6	29. 76
10	89. 78	42. 53	6	21. 94
11	65. 19	92. 08	6	34. 63
12	54. 46	8. 48	7	24. 81

要注意，点具有相同的最近邻（9：10：11、2：8 和 1：6）或彼此是最近邻（3：5、7：12 和 4：8）并不罕见。在此例中，$\sum d_{min} = 259.40$，因此平均最近邻距离为 21.62。

平均最近邻距离的一个缺点是它会丢弃很多关于模式的信息。用一个平均值汇总表 5-2 中的所有最近邻距离是方便的，但它似乎过于简洁，不太有用。

（5）G 函数和 F 函数。

从最近邻法发展出了 G 函数和 F 函数。其中，G 函数（有时称为精细最近邻）是最简单的。它使用了与表 5-2 完全相同的信息，但不是使用平均值对其进行总结，而是分析了最近邻距离的累积频率分布。G 函数为：

$$G(d) = \frac{\#(d_{min}(s_i) < d)}{n} \qquad (5.6)$$

因此，对于任何特定距离，d 的值告诉我们模式中所有最近邻距离的分数小于 d。图 5-7 为图 5-6 和表 5-2 的点模式的 G 函数，而图 5-8 显示了图 5-7 中示例的 G 函数。事件 4 和事件 8 之间的最短最近邻距离为 9.00。因此，9.00 是模式中两个事件的最近邻距离。由于 12 个中的 2 是 2/12 = 0.167 的比例，G(d) 在距离 d = 9.00 处的值为 0.167。下一个最近邻距离为 15.64，是事件 2 的最近邻距离，三个事件的最近邻距离等于或小于此距离。由于 12 个中的 3 个是 0.25 的比例，因此在 G(d) 中绘制的下一个点在 d = 15.64 时为 0.25。随着 d 的增加，所有小于 d 的最近邻距离的分数增加。这一过程一直持续到我们计算了所有 12 个事件及其最近邻距离。

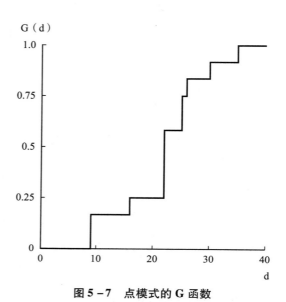

图 5 - 7   点模式的 G 函数

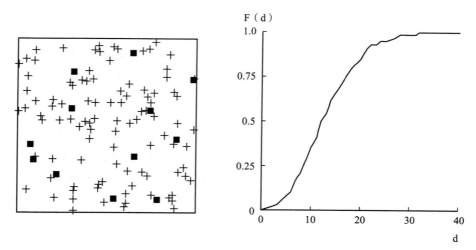

图 5 - 8   与之前相同点模式的随机点（十字）和生成的 F 函数

这个函数的形状可以告诉我们很多关于事件在点模式中的间隔方式。如果事件紧密聚集在一起，则 G 在短距离内迅速增加。如果事件的间隔趋于均匀，则 G 缓慢增加到大多数事件分隔的距离范围，然后才快速增加。在我们的示例中，G 在 20 < d < 25 的范围内增长最快，这反映了这样一个事实，即该模式中的许多最近邻距离都在该距离范围内。这个例子有一个非常"不平"的图，因为它只基于少量的最近邻距离（n = 12）。通常，n 将大于此值，并且观察到 G 中更平滑的变化。

F 函数与 G 密切相关，但揭示模式的其他方面。不是累积模式中事件之间最近邻距离的分数，而是随机选择研究区域中任何位置的点位置，并确定这些位置到模式中任何事件的最小距离。F 函数是这组新距离的累积频率分布。如果 {p₁, …, pᵢ, …, pₘ} 是一组用于确定 F 函数的 m 个随机选择的位置，则 F 函数为：

$$F(d) = \frac{\#[d_{min}(p_i, S) < d]}{m} \tag{5.7}$$

其中，$d_{min}(p_i, S)$ 是从随机选择集中的位置 p_i 到点模式 S 中任何事件的最小距离。图 5-9 显示了与之前相同点模式的研究区域中的一组随机选择的位置，以及由此产生的 F 函数。与 G 相比，这有一个优点，即我们可以增加样本量 m，以获得更平滑的累积频率曲线，从而更好地了解点模式的特性。

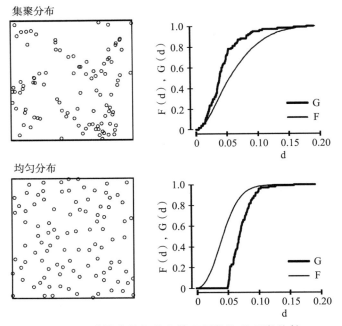

图 5-9 集聚和均匀分布的 F 函数和 G 函数比较

F 函数和 G 函数很容易混淆，而且对于集群和均匀分布的模式，它们的表现也不同。这是因为虽然 G 函数显示了模式中事件的密集程度，但 F 函数与事件远离研究区域中任意位置的程度有关。因此，如果事件聚集在研究区域的一个角落，G 函数在短距离内急剧上升，因为许多事件有一个非常近的近邻。另一方面，F 函数一开始可能缓慢上升，但在较远距离时上升更快，因为研究区域的很大一部分相当空，因此许多位置距离模式中最近的事件相当远。对于均匀分布的图案，情况正好相反。P 中的大多数位置相对靠近一个事件，因此 F 函数在低 d 值时迅速上升。然而，事件之间相对较远，因此 G 最初缓慢增加，在较远距离时上升更快。

可以分析 G 函数和 F 函数之间的关系，以利用这些不同的信息。图5-9 中的示例说明了可能的关系。上部的例子明显是集群式的。因此，大多数事件（约80%）都有近邻，因此 G 函数在短距离内快速上升，达到约0.05。相反，F 函数在一定距离范围内稳定上升。下部的示例是均匀分布的，因此 G 函数在临界间距约为 0.05 之前根本不会上升，在此之后，它会快速上升，在 0.1 的距离内几乎达到100%，而 F 函数仍是平稳上升。这两种情况之间的重要区别是函数之间的关系，它们是相反的。

最近邻距离、G 函数和 F 函数的一个缺点是，它们仅对模式中的每个事件或位置使用最近邻，尤其是对于集群模式，最近邻距离相对于模式中的其他距离非常短，可能会"掩盖"模式中的其他结构。解决这个问题的一种相对简单的方法是找到第一、第二、第三……最近邻的平均距离（Thompson，1956；另见 Davis et al.，2000）；然而，在实践中，更常见的方法是基于 S 中的事件之间的所有距离使用 K 函数（Ripley，1976）。

如图 5-10 所示，在一系列距离 d 下计算 K 函数的最简单方法是以每个事件为中心放置半径 d 的圆，每个事件都对应 1 个圆，计算各圆包含的除其对应事件外的其他事件数，然后计算所有事件对应的圆所包含的事件数的平均数。变化 d 值重复上述过程。该平均计数除以整个研究区域的事件密度，得出 K(d)。这个过程在 d 的一个范围内重复。因此，我们有：

$$K(d) = \frac{\sum_{i=1}^{n} \#[S \in C(s_i, d)]}{n\lambda}$$

$$= \frac{a}{n} \cdot \frac{1}{n} \sum_{i=1}^{n} \#[S \in C(s_i, d)] \tag{5.8}$$

其中，$C(s_i, d)$ 是以 s_i 为中心、半径为 d 的圆。

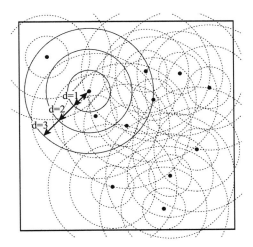

图 5 – 10   确定模式的 K 函数

图 5 – 11 显示了聚集和均匀分布模式的 K 函数。由于使用了事件之间的所有距离，因此该函数提供了比 G 函数或 F 函数更多的关于模式的信息。对于展示的小规模的模式，它很容易解释。例如，图 5 – 11 中聚集模式的曲线的水平部分延伸了一段距离范围，该范围内没有任何事件对之间的距离与之匹配。该范围的下端（≈0.2）对应于图案中簇的大小，该范围的顶端（≈0.6）对应于簇的间隔。在实践中，由于在整个距离范围内通常会出现事件分离，因此对 K 函数的解释通常不如这一点明显。

（6）边缘效应。

我们讨论的所有距离函数都可能会存在明显的边缘效应，尤其是当模式中的事件数较少时。边缘效应产生于这样一个事实，即研究区域边缘附近的事件（或点位置）往往具有更大的近邻距离，即使它们可能在研究区域外的邻居比研究区域内的任何邻居都要近。图 5 – 10 也强调了当许多事件的圆形区域延伸到研究区域之外时，当 d 值较高时，问题如何变得更严重。

最简单的抵消边缘效应的方法是在研究区域边缘周围加入一个防护区。如图 5 – 12 所示。研究区域中的填充黑点被视为点模式的一部分。在确定 G 和 K 函数的事件间距离或 F 函数的点事件距离时应考虑保护区中的未填充圆，但这个未填充圆不视为模式的一部分。图 5 – 12 中给出了三个事件的最近邻位于警戒区的示例。

使用防护区的缺点是需要收集后续分析中未使用的数据。为了使用所有可用数据，可以进行加权边缘校正（Ripley，1977），即根据以第一个点为中心并通过第二个点的圆的特性，给一对事件之间的距离赋予权重。如果这个圆完全在研究区域内，则权重仅为1，但依其周长或其包含在研究区域中的面积比例进行缩放。

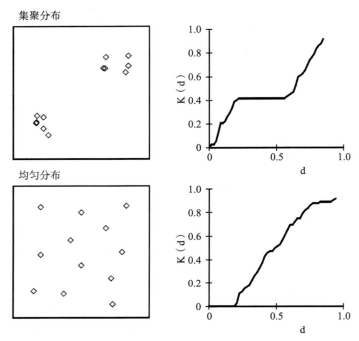

图 5 – 11　集聚和均匀分布事件的 K 函数

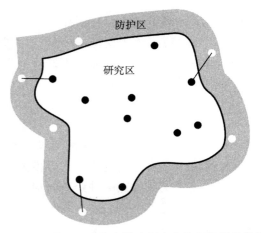

图 5 – 12　基于距离的点模式测度中的保护区的使用

第三种方法使用环形"包裹"，即将研究区域的顶部和左侧分别连接到底部和右侧，然后以通常的方式计算距离。但对 K 函数而言，如果分析对观察到的模式的检测和刻画很大程度上是描述性的，而不是估计特定假设点过程的参数，那么使用任何这些校正都没有什么意义（Yamada and Rogerson，2003）。

5.3 点模式的统计评估

在统计方面，零假设是，我们正在观察的模式是由特定的空间过程产生的。然后，将一组空间数据、模式或地图视为假设的过程所有可能实现集合中的样本，然后使用统计学来验证假设的空间过程会产生什么样的模式。完整的框架如图 5 – 13 所示。

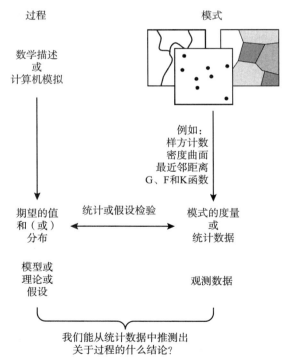

图 5 – 13 空间分析的统计方法的概念模型

到目前为止，我们已经分析了这个框架的两个分支上的左侧的部分内容。接下来，我们展开右边分支。然后如图 5 – 13 所示，这是将这两部分放在一起，并对它们进行统计比较，以根据我们对模式的观察推断出我们可以对潜在的空间过程做些什么。

实际上有多种方法来进行统计评估。目前，由于它直接关系到我们对IRP/CSR 的零假设的讨论，我们将重点讨论来自经典统计的假设检验方法。这种方法提出了一个基本问题：如果 IRP/CSR 是正在运行的过程，那么观察到的模式作为 IRP/CSR 的一个实现的可能性有多大？我们得到的概率值称为 p 值，是观察到的模式作为 IRP/CSR 的一个实现而发生的概率。如果 p 值较低（p = 0.05 是常用的阈值），则我们拒绝零假设，并得出结论，观察到的模式不太可能由 IRP/CSR 产生。较高的 p 值使我们无法拒绝零假设，我们必须承认，观察到的模式很可能是 IRP/CSR 的实现。这种方法依赖于对 IRP/CSR 模式度量的预期值的采样分布的了解。

（1）样方计数。

在 IRP/CSR 中的假设下，点模式的样方计数描述的预期概率分布由二项式分布或更实际的泊松分布近似给出。因此，为了评估 CSR 的零假设对观察到的点模式的解释程度，我们可以将得到的样方计数分布与泊松分布进行比较。观察到的样方计数分布与泊松预测的拟合程度的简单度量是基于其均值和方差相等（$\mu = \sigma$）的特性，因此，如果分布为泊松分布，则方差—均值比（VMR）预计为 1.0。创建这样一个指数后，需要生成一个显著性检验来回答图 5-13 提出的基本问题。最常见的方法是将这个问题视为拟合优度测试，使用卡方分布作为其标准。

表 5-3 使用图 5-5 和表 5-1 中伦敦咖啡馆的例子的样方计数对该方法进行总结。有 6 个非零箱子，我们有 5（=6-1）个自由度。得到的卡方值为 32.2614（p < 0.00001!），在 95% 的水平上远远高于显著性要求，我们可能相当有信心拒绝基本过程是 IRP/CSR 的零假设。然而，这种方法存在问题。理论分布对卡方统计量的近似不适用于这样的表。获得的总样本的主要部分来自包含五个或更多咖啡店的三个样方，这与我们的结论一致，即模式是集聚的。此外，将其中三个箱子包含小于 5 的预期频率用于本试验，将这三个箱子组合成一个，代表具有三个或更多咖啡店的样方。结果是使模式与随机模式无法区分。

表 5-3　　　　　　　　　　伦敦咖啡店数据的卡方分析

事件数（K）	观察到的样方数（O）	泊松概率	期望数（E）	卡方 [（O-E)²/E]
0	18	0.308819	12.35276	2.5817
1	9	0.362862	14.51448	2.0951
2	8	0.213182	8.52728	0.0326

续表

事件数（K）	观察到的样方数（O）	泊松概率	期望数（E）	卡方 $[(O-E)^2/E]$
3	1	0.083496	3.33984	1.6393
4	1	0.024527	0.98108	0.0004
≥5	3	0.007114	0.28456	25.9123
总数	40	1.000000	40.00000	32.2614

　　一个等效测试是在统计上评估依样方计数计算的 VMR。泊松分布的预期 VMR 值为 1.0，乘积（n-1）VMR，其中 n 是样方数，是具有（n-1）自由度的卡方。在这种情况下，我们得到了 73.0（=1.8718×39）的卡方检验统计量。该值的关联 P 值为 0.0007，这意味着如果模式是由 IRP/CSR 生成的，我们预计在 1000 例中不足 1 例的观察到这种极端结果。同样，在这种情况下，这将导致我们拒绝 IRP/CSR 的零假设。然而，与卡方拟合优度测试一样，这种方法也不可靠，除非每个样方的平均事件数为 10 个或更多。这要求我们在大多数情况下使用非常大的样方。我们只能得出结论，虽然对样方计数数据进行假设检验是可能的，但除非我们处理每个样方事件平均强度很高的非常大的点数据集，否则它是不可靠的。

　　（2）最近邻距离。

　　如果我们使用平均最近邻距离来描述点模式，而不是样方计数，那么我们可以使用 R 统计量来测试与 IRP/CSR 的一致性。平均最近邻距离的期望值（Clark and Evans，1954）为：

$$E(d) = \frac{1}{2\sqrt{\lambda}} \qquad (5.9)$$

　　在评估与 IRP/CSR 相关的模式时，使用观察到的平均最近邻距离与该值的比值 R。因此：

$$R = \bar{d}_{min} \Big/ \frac{1}{2\sqrt{\lambda}} \qquad (5.10)$$

　　小于 1 的 R 值表示有聚类的趋势，因为它表明观察到的最近邻距离比预期的短。R 值大于 1 表示事件均匀分布。这种方法的复杂之处是，所有计算中使用的面 A 的定义是一个，而且期望值仅对无边界的、没有边缘效应的研究区域完全正确。

　　（3）G 函数和 F 函数。

　　IRP/CSR 下 G 函数和 F 函数的期望值为：

$$E(G(d)) = 1 - e^{-\lambda\pi d^2}$$
$$E(F(d)) = 1 - e^{-\lambda\pi d^2} \qquad (5.11)$$

对于 IRP/CSR 生成的模式，G 函数中使用的事件和 F 函数中使用的随机点集实际上是等效的，因为它们都是随机的。在任何一种情况下，预测函数都可以绘制在与观察到的 G 函数和 F 函数相同的轴上。预期函数和观察函数的比较提供了观察模式异常程度的信息。对于之前考虑的集群和等间距排列示例（见图 5 - 9），如图 5 - 14 所示。在每个图中，预期函数是两条观察到的经验曲线之间的平滑曲线。

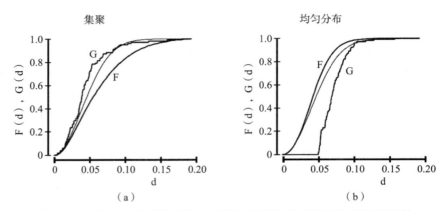

图 5 - 14 图 5 - 9 中的模式的 G 函数和 F 函数相对于 IRP/CSR 的比较

在每种情况下，G 函数和 F 函数都位于预期曲线的两侧。对于聚类模式，G 函数显示模式中的事件比 IRP/CSR 下的预期更接近，而 F 函数显示研究区域中的典型位置比预期的距离模式中的任何事件更远（因为它们是空的）。对于均匀分布的模式，情况正好相反。G 函数清楚地表明，等距模式的最近邻距离远大于 IRP/CSR 实现的预期距离，而对于 F 函数，由于间距均匀，空的空间中的典型位置比 IRP/CSR 下的预期位置更接近模式中的事件。同样，通过给出概率或显著性声明，可以使这些结果更精确。但应注意的是，所有基于距离的方法都面临相同的重大问题：它们对研究区域的变化很敏感。

（4）K 函数。

在 IRP/CSR 下，K 函数的期望值很容易确定。由于 K(d) 描述了以事件为中心、半径为 d 的圆内事件的平均数量，对于 IRP/CSR 模式，我们希望这直接取决于 d。由于 πd^2 是每个圆的面积，λ 是每单位面积事件的平均密度，因此 K(d) 的预期值为：

$$E(K(d)) = \frac{\lambda \pi d^2}{\lambda} \qquad (5.12)$$
$$= \pi d^2$$

我们可以在与观察到的 K 函数相同的轴上绘制该曲线，方法与 G 函数和 F 函数的方法大致相同。

然而，由于预期函数取决于距离平方，预期和观察到的 K(d) 函数都随着 d 的增加而变大。因此，在适当比例的轴上绘制预期值和观察值时，很难看到它们之间的小的差异。解决这个问题的一种方法是，如果 K 函数与期望值很好地匹配，则计算从 K 函数导出的具有零值的函数。例如，为了将 K(d) 的期望值转换为零，我们可以除以 π，取平方根，然后减去 d。如果模式符合 IRP/CSR，并且如果我们对 K(d) 的观察值执行相同的操作，我们应该得到接近零的值。这样得到的函数就是 L 函数：

$$L(d) = \sqrt{\frac{K(d)}{\pi}} - d \qquad (5.13)$$

并在图 5 – 15 中绘制了两个著名的空间数据集（Numata 的日本松树数据和 Strauss 的红木幼苗数据的 Ripley 子集）的 L 函数。前者的数据集与随机模式无法区分，而后者是聚类的。

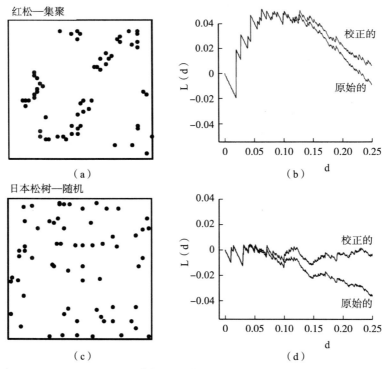

图 5 – 15　两个数据集的原始的和校正的 L 函数

在 L(d) 大于零的情况下，在相应间隔处发生的事件比 IRP/CSR 下预期的要多；在低于零的地方，事件比预期的要少。在红杉数据的情况下，在整个绘制值范围内，d 值对应的 L(d) > 0，表明这些间隔处的事件比 IRP/CSR 下的预期事件多。对于日本松，L(d) 接近于零，直到 d = 0.1 左右，然后开始连续下降。

然而，原始 L 函数的解释往往因边缘效应而变得困难。在上述两种情况下，其中 d ≈ 0.1，L(d) 连续下降。这表明在这些分离中发生的事件比预期的要少。然而，这仅仅是因为在这种距离下用于确定 K 函数的许多圆延伸到研究区域（单位大小的方形）之外。尽管所需数学复杂，但可以校正 K 函数和 L 函数的计算以考虑此类边缘效应。在图 5 - 16 中，使用 Ripley 的各向同性校正计算了校正函数（Ripley，1988）。我们也可以考虑使用防护区，如图 5 - 12 所示，其他任何边缘校正方法。

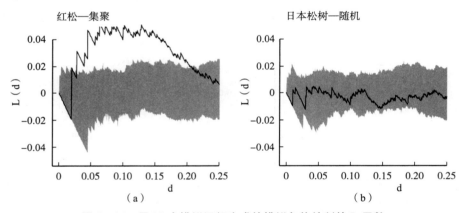

图 5 - 16　用 99 次模拟运行生成的模拟包络绘制的 L 函数

5.4　蒙特卡洛检验

上述内容让我们了解了模式是否聚集以及在什么距离范围内聚集，但它们不是对数据的统计评估，因为在我们判断 L 函数为异常高或异常低值之前，尚不清楚 L 函数应该偏离零值多远。获得统计评估的更直接的方法是使用计算机模拟的蒙特卡洛模拟。

通常，随机使用一个蒙特卡洛程序来定位研究区域 A 中的 n 个事件，可能是 100 或 500，或者，正如我们创建图 5 - 16 所做的那样，1000 次。然后使用应用于所调查模式的相同方法分析每个随机生成的点模式。然后，可以使用随机生成的模式的结果来构建结果 d 包络，IRP/CSR 生成的模式将位于其中。根据生成的模式数量，可以在包络上放置合理准确的置信区间，因此我们可以合理准确地确定观察到的模式是怎样的。

使用图 5 - 16 中的点数据集，经过 99 次模拟得到的分析结果如图 5 - 18 所示。很明显，对于红杉数据，在 0.02 ~ 0.2 之间的距离范围内，观察到的模式比我们预期的由 IRP/CSR 生成的模式更具集群性。在图 5 - 16（b）中，在所有距离上，日本松树数据集观察到的 L 函数都位于 IRP/CSR 生成的模拟包络内，因此我们可以得出结论，至少就 L 函数而言，这种模式完全是我们预期的 IRP/CSR 生成的模式的典型。

蒙特卡洛模拟方法有许多明显的优点：

①无须对边缘和研究区域面积效应进行复杂校正。

②虽然该过程通过使用与原始模式相同数量的事件 n 来工作，但它不是很敏感地依赖于此选择。通过在模拟模式中改变 n 也很容易衡量此假设的重要性。

③其最大优点是可以方便地研究 IRP/CSR 以外的空间过程模型。事实上，任何符合我们关于数据的任何理论的过程都可以模拟，并根据理论对观察到的模式进行评估。

第 6 章
面对象和空间自相关

6.1 面对象的类型

　　区域可以区分为自然区域与人类强加的区域。在自然区域中，实体是自然现象定义的边界塑造的。然而，自然区域通常是实地勘测员进行主观解释性地图化的结果，可能存在分歧和不确定性。

　　人类强加的区域有国家、省、地、县或人口普查区。其属性值是通过调查或普查枚举的。这种强制领域是任意的或可变的，从而导致可变面元问题（MAUP）。由于区域对象的数据通常是个人层面信息的整合而来的，因此生态谬误的危险非常大。

　　第三种类型的面积对象是将空间划分为称为栅格。真实世界（x，y）坐标隐含在栅格中每个像素的（行，列）位置。

　　最后，在 GIS 分析中，通常使用每个事件周围的 Voronoi/Thiessen 多边形区域创建面对象。定义这些区域时，每个区域包含比模式中任何其他对象更靠近生成对象的所有位置。

　　面对象的种类有很多。图 6 - 1 显示了四个面对象，两个是自然的，两个是强制的。图 6 - 1（a）是连续森林火灾燃烧面的一个例子，它显示了面相互重叠的现象。

　　一些系统允许面实体具有孤岛或孔。有时，面对象都整齐地网格化在一起，并填满整个研究区域，因此没有孔。这种区域模式被称为平面强化，这一概念是许多 GIS 中使用的数据模型的基本假设。图 6 - 1（b）~（d）显示了平面强化区域。

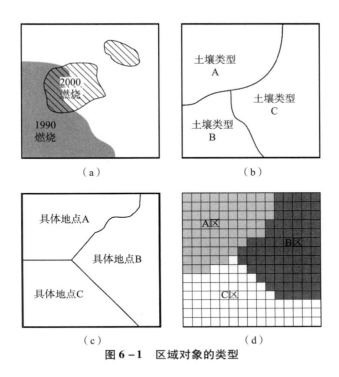

（a）
（b）
（c）
（d）

图6-1 区域对象的类型

6.2 面的几何特性

面对象都有许多我们可能需要测量的属性。这些包括其二维面积、中心和骨架、形状、空间模式和碎片。

6.2.1 面积

在 GIS 中，最常用的算法是找到由多边形线段、两条垂直于 x 轴的线和 x 轴本身围成的多个梯形面积，如图6-2所示。

假设我们围绕多边形顺时针旋转，并确保回到起始顶点，则一般公式为：

$$\text{多边形面积，} A = \sum_{i=1}^{n} (x_{i+1} - x_i)(y_{i+1} - y_i)/2 \qquad (6.1)$$

其中，(x_{i+1}, y_{i+1}) 可理解为将我们带回第一个顶点 (x_1, y_1)。这是数值积分的梯形规则，在科学中广泛使用获得由图形包围的面积时。该算法适用于多边形有洞的情况，但不适用于所有多边形，因为它无法处理边界自相交的多边形。另请注意，如果多边形坐标以逆时针顺序存储，则面积将为负，因此该方法依赖于特定类型的数据结构。

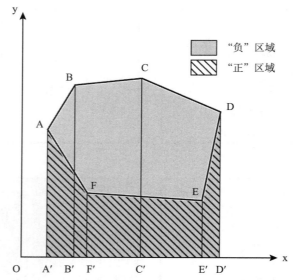

图6-2 从多边形顶点的坐标中得到多边形的面积

在栅格结构中，可以更简单地通过计算像素数量并乘以像素面积来确定面积。因此，对于一组零散的面对象（如土地覆盖图），使用栅格编码估计面积可能更有效。

6.2.2 骨架和中心

多边形的骨架是多边形内部的线网络。构造骨架以使网络上的每个点与多边形边界中最近的两条边等距。图6-3显示了这个想法。

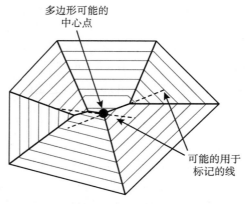

图6-3 多边形的骨架和由此产生的中心

骨架是通过向内收缩多边形轮廓来构建的，每个边界以相同的速率向内移动。在此过程中，向量和弧合并，形成树状结构，并且随着多边形变小，它可能会形成两个或多个孤立的"岛"。最终，多边形被简化为一个可能的中心，该中心距离原始边界最远，也是可以在多边形内部绘制的最大圆的中心。该中心可能优于通过其他方法计算的可能多边形中心。例如，更容易计算的多边形顶点的平均中心有时位于多边形区域之外，因此可能不适合某些用途。相反，骨架上的中心保证位于多边形内。

6.2.3 形状

面单元都有一个二维形状，即其周长上点之间的一组相对位置关系，该关系不因比例变化而变。一些形状，尤其是中心地理论的六边形市场区域，是假设生成过程的结果。形状也可能对过程有重要影响。在城市研究中，传统的单中心城市形式被认为在性质上与多中心扩张或当代世界的边缘城市可能不同（Garreau，1992）。

形状最明显的定量方法是设计指数，将给定形状与已知形状的规则几何图形（如圆形、六边形或正方形）联系起来。图 6 – 4 显示了一个不规则形状以及可以从中获取的许多可能的形状相关测量，例如周长 P、面积 a、最长轴 L_1、第二轴 L_2、最大内圆的半径 R_1 和最小封闭圆的半径 R_2。尽管并非所有组合都能产生良好的指数，但原则上，我们可以以任何合理的方式自由组合这些值。为了避免依赖于所采用的测量单位，形状指数应为无量纲。

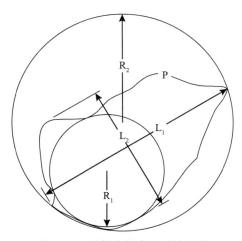

图 6 – 4 形状分析中用到的度量

其中一个指数是紧凑度，定义如下：

$$紧凑度 = \sqrt{(a/a_2)} \qquad (6.2)$$

其中，a_2 是与物体具有相同周长（P）的圆的面积。如果形状是完全圆形且紧凑度为 1.0，它也是无量纲的。

其他潜在有用的无量纲比是伸长率或偏心率：

$$L_1/L_2$$

和形状比：

$$a/L_1^2$$

6.2.4 空间模式

有时，面形成的模式本身就有意义。这些模式可以像棋盘、蜂窝一样规则，也可以不规则。解决该问题的一种简单方法是收集接触数的频率分布，即与每个面共享公共边界的面的数量。表 6 - 1 中给出了一个示例，显示了美国相邻州和英国各县的联系电话的频率分布。

表 6 - 1　　　　　　　　　英国各县和美国 48 个州的联系电话

联系数（m）	美国较低州的百分比	英国各郡的百分比（n = 6）	IRP 的期望百分比
1	2.0	4.4	N/A
2	10.2	4.4	N/A
3	18.4	21.7	1.06
4	20.4	15.2	11.53
5	20.4	30.4	26.47
6	20.4	10.9	29.59
7	4.1	13.0	19.22
8	4.1	0	8.48
9	0	0	2.80
10	0	0	0.81
总计	100.00	100.00	100.11
平均联系数	4.45	4.48	6.00

很明显，非常规则的模式（如蜂窝）将具有频率分布，在某个值处具有明显的峰值。而更复杂的模式的频率可能围绕众数分布。独立随机过程可用于生成多边形面，从长远来看，可生成表最后一列中给出的预期分布。众数对应有六个邻居的面。很明显，这些行政区域的联系数低于预期，这意味着存在更规则而非随机的模式。此外，这一发现的有用性值得商榷，

因为我们知道，从一开始，随机性的零假设不太可能成立。

6.3　测量空间自相关

空间自相关表示来自近位置的空间数据比来自远位置的数据更可能相似。根据托布勒（Tobler，1970）的地理学第一定律"一切都与其他事物相关，但近处的事物比远处的事物更相关"，自相关可能在短距离内最为显著。如果世界不是以这种方式进行空间自相关，那么地理就没有什么意义，因此自相关对空间分析至关重要。空间自相关的普遍性是空间数据具有特殊性的重要原因。由于自相关，来自空间数据的样本并不是真正随机的。

开发空间自相关分析方法的一个原因是为以下两方面提供更客观的基础：一是确定是否真的存在空间模式；二是如果存在空间模式，则该模式是什么样的。

数据在短距离或长距离上不同程度地相似是空间数据分析所有分支的基础，自相关概念相应地适用于我们已识别的所有类型的空间对象（点、线、面和场）。为了便于教学并着眼于传统，我们在面对象属性的模式背景下引入了这一思想。

6.3.1　空间权重矩阵

在自相关测量中，捕捉所有位置对之间的空间关系是通过使用空间权重矩阵来实现的。空间权重矩阵通常表示为 W。在矩阵的第一行中，我们依次记录第一个位置和地图中其他每个位置之间的空间关系。权重矩阵第 i 行第 j 列中的元素，表示为 w_{ij}，表示位置 i 和位置 j 之间的关系，因此我们有：

$$W = \begin{bmatrix} w_{11} & w_{12} & \cdots & w_{1n} \\ w_{21} & w_{22} & & \vdots \\ \vdots & & \ddots & \vdots \\ w_{n1} & \cdots & \cdots & w_{nn} \end{bmatrix} \tag{6.3}$$

每个 w_{ij} 值取决于位置 i 和 j 之间的空间关系以及我们选择如何表示该关系。注意，虽然位置的顺序是任意的，但矩阵的行和列的顺序必须相同。

有了这个框架，我们需要为每个矩阵元素赋值。最简单的，如果两个位置相邻，则 w_{ij} 值为 1，如果两个位置不相邻，则为 0。即使是这种简单的情况也不像看起来那么简单，因为我们可以选择要求面共享一条边，以便将其视为相邻的（国际象棋的情况，Rook），或者仅在角顶点处相交就足够了（Queen 的情况）。这些情况分别如图 6 - 5（a）和（b）所示，这四个多边形是从图 6 - 6（a）和（b）的地图中提取的。

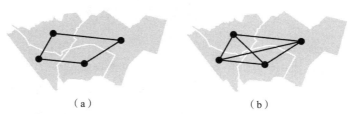

（a）   （b）

图 6 - 5　多边形的 **Rook** 相邻和 **Queen** 相邻案例

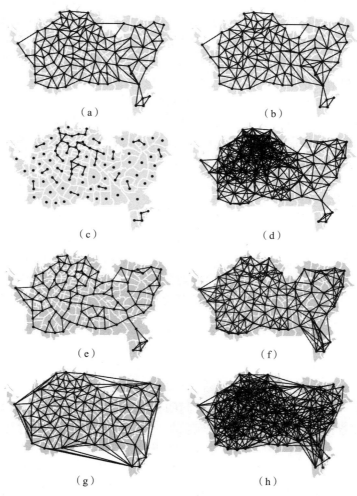

（a）   （b）

（c）   （d）

（e）   （f）

（g）   （h）

图 6 - 6　八种备选空间结构

或者，我们可以完全忽略多边形之间的连续性，而使用多边形之间的距离来确定邻接性。通常，这涉及将多边形区域表示为点，该点为多边形质心或骨架上某个中心点上，然后测量点之间的距离。然后，基于一些距离阈值 d 来确定邻接关系，即如果 $d_{ij} < d$，则相邻，否则不相邻。在图 6-6（c）和（d）中，显示了距离阈值为 1 千米和 2.5 千米时产生的邻接。较低距离阈值情况下的稀疏连通性是明显的。或者，我们可能只希望包括最近的几个邻居。图 6-6（e）和（f）显示了三种和六种最近邻情况下的连通性。

邻接除了是一个二进制的量，w_{ij} 只能取 1（连接）或 0（未连接）外，我们还可以考虑将 w_{ij} 值设置为从 0（弱相互作用）到 1（强相互作用）的值。两个位置之间相互作用强度的常用赋权方法是使用其间距的逆幂关系。通过考虑相邻位置之间共享边界的长度，可以引入更进一步的复杂性，从而：

$$w_{ij} \propto \frac{l_{ij}}{d_{ij}^z l_i} \tag{6.4}$$

其中，z 是幂次，l_{ij} 是分区 i 和 j 之间共享边界的长度，l_i 是分区 i 周长。采用这种方法，有必要缩放权重，使其都位于 0 ~ 1 的范围内。一种典型的方法是确保矩阵的每一行和为 1。

在构建权重矩阵时，需要考虑每个位置与自身之间的关系以及如何强化对称性。因为我们对每个位置和自身之间的关系不感兴趣，因此，矩阵主对角线上的元素（即 w_{11}、w_{22}）通常设置为零。通常需要权重矩阵中的对称性，以便在所有情况下 $W_{ij} = W_{ji}$。一些构造矩阵的方法不能保证对称性。例如，在 k 近邻方法中，面 A 可能有面 B、C 和 D 作为其三个近邻，而面 B 的三个近邻是面 C、D 和 E，不包括 A。在这种情况下，$w_{ab} \neq w_{ba}$。为了解决这种情况，我们可以通过设置：

$$W_{最后} = \frac{1}{2}(W + W^T) \tag{6.5}$$

从而，每个成对的双向关系是两个单向关系的平均值。

在任何给定情况下都可能存在各种各样的空间权重矩阵，选择用于空间自相关测量的空间权重矩阵是非常关键的步骤。在某种意义上，W 的选择代表了关于所研究现象的假设，因此理想情况下，空间权重矩阵中表示的空间结构将对应于问题的某个方面。如果对这些过程或现象没有很好地理解，建议至少在分析的探索阶段使用简单的基于邻接的方法。

6.3.2 Moran's I

确定了分析的空间结构后，就可以通过定义一种测量位置的属性值之间差异的方法来构建空间自相关度量。测量空间自相关的基本思路类似于向量内积，令 S_{ij} 为两个观测值 i 和 j 的空间接近性的测量，令 U_{ij} 为所关注的某个潜在变量的相似性。向量内积的统计量的一般形式为：

$$\sum_{i=1}^{n} \sum_{j=1}^{n} S_{ij} U_{ij} , \quad \forall i \neq j \tag{6.6}$$

如果相似性 U_{ij} 被定义为某潜在变量均值正态化后得到的内积（mean-normalized cross-product），比如 $[(x_i - \bar{x})(y_i - \bar{y})]$，那么，经过适当的比例调整，再将所有观测值的这个量加总，就可以得到一个空间相关性的测量，这被称为莫兰统计量（Moran's I）。如果 U_{ij} 被定义为差值的平方差 $[(x_i - y_j)^2]$，得到的统计量就被称为 Geary's C。

最广泛使用的度量是 Moran's I，通常应用于具有数字比率或间程数据的面单元。Moran's I 从下式计算而来：

$$I = \left[\frac{n}{\sum_{i=1}^{n} (y_i - \bar{y})^2} \right] \times \left[\frac{\sum_{i=1}^{n} \sum_{j=1}^{n} w_{ij}(y_i - \bar{y})(y_j - \bar{y})}{\sum_{i=1}^{n} \sum_{j=1}^{n} w_{ij}} \right] \tag{6.7}$$

计算的重要部分是第二部分。这个分数上面的分子是：

$$\sum_{i=1}^{n} \sum_{j=1}^{n} w_{ij}(y_i - \bar{y})(y_j - \bar{y})$$

下标 i 和 j 表示研究中的不同面元或分区，y 是每个面中的数据值。通过计算两个区域与总平均值（$\bar{y}$）的差异的乘积，我们确定了它们共同变化的程度。如果 y_i 和 y_j 都位于均值的同一侧（高于或低于均值），则该乘积为正；如果一个高于平均值，另一个低于平均值，则乘积为负。所得总数的绝对大小将取决于分区值与总体平均值的接近程度。w_{ij} 是空间权重矩阵 W 中的一个元素。协方差项乘以 w_{ij}，其效果是根据协方差元素在空间上的密切关系对其进行加权。如果区域 i 和区域 j 相邻，则 $W_{ij} = 1$，否则为 0，则协方差项仅包含相邻位置对的计算。

除数 $\sum \sum w_{ij}$ 表示地图中的总空间权重。乘数 $\dfrac{n}{\sum_{i=1}^{n} (y_i - \bar{y})^2}$ 实际上是

除以整体数据集方差，这确保了 I 不是很大。

式（6.1）中计算的最终结果是，如果数据是正自相关的，则大多数相邻位置对的值将位于平均值的同一侧，而 Moran's I 将具有正值。另一方面，如果数据是负自相关的，则大多数相邻位置的属性值将位于平均值的相反侧，总体结果将为负。因此，对于传统的非空间相关系数，正值表示正自相关，负值表示负或逆相关。一般来说，指数值为 0.3 或更高，或 -0.3 或更低，表示相对较强的自相关性。一般认为 I 服从正态分

布，其均值为 $-1/(n-1)$。

如果将所关注的变量标准化为 z_i，Moran's I 可简化为：

$$I = \frac{1}{2} \sum_{ij} c_{ij} z_i z_j \ , \quad \forall \, i \neq j \tag{6.8}$$

Moran's I 的期望值是 $-1/(n-1)$，而不是 0。

6.3.3 Geary's C

虽然 Moran's I 是最常用的度量，并且可能具有最吸引人的特性，但它并不是唯一的空间自相关度量。另一种方法是 Geary's C。这类似于 Moran's I，根据以下公式计算：

$$C = \left[\frac{n-1}{\sum_{i=1}^{n} (y_i - \bar{y})^2} \right] \times \left[\frac{\sum_{i=1}^{n} \sum_{j=1}^{n} w_{ij} (y_i - y_j)^2}{2 \sum_{i=1}^{n} \sum_{j=1}^{n} w_{ij}} \right] \tag{6.9}$$

与 Moran's I 一样，第一项是方差归一化因子，用于解释 y 的数值。第二项有一个基于所考虑的两个区域之间 y 差值平方的分子，当相邻位置之间存在较大差异时，该分子更大。分母 $2 \sum \sum w_{ij}$ 用于归一化地图中的组合空间权重。Geary's C 在一个方面可能令人困惑：值 1 表示没有自相关；小于 1（但大于或等于 0）的值表示正自相关，大于 1 的值表示负自相关。如果考虑到计算中的 $\sum w_{ij} (y_i - y_j)^2$ 项始终为正，但当相似值为相邻值时，给出的值较小，则其原因很清楚。通过从 +1 中减去指数值，可以很容易地将 Geary's C 转换为更直观的 ±1 范围。

第 7 章
局 域 统 计

7.1 引 言

　　局域统计是通过考虑空间数据的子集来导出的，该子集位于正在计算局域统计的局域空间位置。一个简单的例子是局部平均值，即感兴趣位置附近数据集中的属性值平均值。这种局部均值是许多简单空间插值方法的基础。

7.2 局域的定义

　　特定位置的局部邻域由空间权重矩阵中的一行来完全描述。因此，如果权重矩阵是：

$$W = \begin{bmatrix} w_{11} & w_{12} & \cdots & w_{1n} \\ w_{21} & w_{22} & & \vdots \\ \vdots & & \ddots & \vdots \\ w_{n1} & \cdots & \cdots & w_{nn} \end{bmatrix} \qquad (7.1)$$

则行矩阵：

$$W_i = \begin{bmatrix} w_{i1} & w_{i2} & \cdots & w_{in} \end{bmatrix} \qquad (7.2)$$

描述每个位置 i 的局部邻域。

　　在确定局域统计数据之前，在构建局域时所做的选择是分析的一个关键方面。当基于邻接构造局部时，局域统计可能指向特定类型的模式，但当基于距离标准构造局部时，它们可能揭示完全不同的模式。

7.3　GETIS – ORD G_I 和 G_I^*

在 Getis – Ord 局域统计很好地说明了局域统计的概念（Getis and Ord，1992；Ord and Getis，1995）。对于位置 i，该值由以下公式得出：

$$G_i(d) = \frac{\sum_j w_{ij}(d) x_j}{\sum_{j=1}^{n} x_j}(i \neq j) \qquad (7.3)$$

其中，$w_{ij}(d)$ 是来自空间权重矩阵的权重，x_j 表示位置 j 处的属性值。该分数中的分子是感兴趣位置 i 局部的 x_j 值之和，但不包括 x_i 本身，分母是整个研究区域内所有 x 值的总和。因此，G_i 只是研究区域中所有 x 值之和中由 i 的邻居所占的比例。在高值聚集的位置，G_i 将相对较高；相反，在低值集中的位置，G_i 将较低。

密切相关的统计 G_i^* 的定义与 G_i 类似，唯一的区别是位置 i 处的属性值本身包含在上式中的分子和分母总和中。

在假设属性值的随机空间分布的情况下，G_i 统计的期望值由式（7.4）得出：

$$E(G_i(d)) = \frac{\sum_j w_{ij}(d)}{n - 1} \qquad (7.4)$$

这表明 G_i 的期望值是位置 i 的邻域占研究区域的比例，其中我们假设 0/1 值的邻接权重。

在上述所有等式中，d 表示各种距离值，或者更一般的，在各种局部性定义下的统计量值。本质上，W 的选择包含了关于任何可能的局域空间影响的范围和性质的假设。

由于 Getis – Ord 统计量的预期值和方差已知，因此，可以确定每个位置的 G_i 值的 z 值。我们通常会将 $-1.96 \sim +1.96$ 范围外的 z 分数解释为异常情况。但从局域统计数据进行推断时需要更加小心。这是因为大多数局域统计分布的正态性假设是有问题的，特别是在考虑的局域很小的情况下，这种情况尤为明显。特别重要的是，因为这些值可能基于非常少的位置获得的，因此，要小心过度解释研究区域边缘的高或低 z 值。

原则上，几乎任何标准统计都可以转化为局域统计。Moran's I 的全局值所需的计算提供了另一个示例。在这种情况下，在每个位置，计算以下数量：

$$I_i = z_i \sum_j w_{ij} z_j \tag{7.5}$$

其中，z 值是根据整个数据集的感兴趣属性值确定的 z 分数。I_i 的正值意味着属性的低值或高值彼此接近，而负值导致低值和高值位于地图的同一区域。因此，局域 Moran's I 给出了数据同质性和异质性的指示。这一统计在卢卡·安瑟林（Luc Anselin，1995）的一篇论文中得到了充分发展，该论文提出了空间关联局部指标（local indicators of spatial association，LISA）统计的更一般概念。

当使用 Moran's I 的局域版本时，Moran 散点图成为一种分析工具。由全局平均属性值（或由 $z_i = 0$ 和 $\sum_j w_{ij} z_j$）定义的图的四个象限分别对应于 i 处及其相邻值之间的不同可能组合，正自相关的"低—低"或"高—高"情况，以及负自相关的"低—高"或"高—低"情况。例如，"高—高"情况是指 I 值高，相邻值也高的情况。

格蒂斯和奥德（Getis and Ord，1992）建议，G_i 和 I_i 统计数据都应用于空间数据集的任何探索，因为它们测量不同的事物，并可能指向观察到的属性值的空间分布背后的不同驱动过程。虽然莫兰的全局统计测量空间自相关，而不区分由高值或低值集中度主导的模式，但 G_i 统计的全局版本可以区分这些情况。当完整写出全局 G 统计时，这一点更清楚：

$$G(d) = \frac{\sum_{i=1}^{n} \sum_{j=1}^{n} w_{ij}(d) x_i x_j}{\sum_{i=1}^{n} \sum_{j=1}^{n} x_i x_j} (i \neq j) \tag{7.6}$$

当高值位于彼此附近的位置超过低值位于彼此附近的位置（反之则相反）时，该统计值往往具有高值。因此，G 有助于确定对正空间自相关的总体发现的贡献最大的是高值（"热点"）还是低值（"冷点"）的簇。

7.4 局域统计推断

空间随机性的简化假设允许确定 G_i 局域统计的预期值的分析结果。在许多情况下，由于中心极限定理，这导致期望局域统计将为正态分布，并且可以识别异常情况（z 值小于 -1.96 或大于 $+1.96$，这是与标准 95% 置信区间相关的值范围）。然而，这种方法存在问题。这里的困难在于，如果某数据集中存在显著的正空间自相关，那么基于假设的完全空间随机性的零模型来识别统计上不寻常的情况就没有任何意义了。

局域统计的统计检验本质上是非独立的，我们必须调整用于确定哪些观察值异常高或异常低的标准。这被称为多重检验问题（multiple testing problem），可以通过调整用于确定哪些结果具有统计显著性的概率阈值来解决。

如果进行了 n 次检验，期望的统计显著性（即 p 值）为 α，则一个可能的校正的显著性水平为 $\alpha' = 1 - (1 - \alpha)^{1/n}$。另一种更简单的替代方法，称为 Bonferroni 校正，即 $\alpha' = \alpha/n$。在实践中，这两种方法产生非常相似的校正显著性水平。

对局域统计数据进行统计评估的一种较新（且自由）的方法是应用蒙特卡洛模拟程序来产生伪显著性值。对于局域统计，通常使用空间数据中属性值在数据集中位置之间的条件置换（或"洗牌"）来重复该方法。每次对数据进行洗牌时，感兴趣位置的值保持不变（这是使置换有条件的原因），对洗牌后的数据执行有关统计的计算，并确定局域统计的结果值。置换过程重复很多次（例如 999 次），并且与属性的实际分布相关的局域统计值相对于置换过程产生的值列表进行排序。然后，判断局域统计的测量实际值相对于洗牌过程产生的结果列表非常低或非常高。伪显著值可以通过记录实际局域统计相对于排列结果的秩来确定。例如，如果实际局域统计是 999 个置换中记录的最高值，则估计为千分之一，伪显著性为 p ~ 0.001。虽然这种方法比从分析期望值和方差得出的结果更加计算密集，但从概念上讲，它更令人满意，并且鉴于当代计算资源，它已成为常规。

第 8 章
场 的 描 述 和 分 析

以对象的视角看待世界时，世界可以分为点对象、线对象和面对象，每个对象都有一组属性。以场的视角看待世界时，世界是由连续可变的和跨空间测量的属性组成的。地球表面的高度是场的最清晰、最容易理解的例子，因为它形成了一个无处不在的连续表面。从更正式的意义上讲，这是一个标量场的例子。标量是仅以其大小或数量为特征的任何量，与测量标量的任何坐标系无关。标量场是标量值与其空间位置的函数的图。

标量场可以用数学上非常一般的方程表示：

$$z_i = f(s_i) = f(x_i, y_i) \tag{8.1}$$

其中，f 表示"某个函数"。这个方程只是说表面高度随位置而变化。

通过写下这个方程，我们已经对标量场做了一些重要的假设。首先，我们假设连续性：对于每个位置 s_i，在同一个位置有一个可测量的 z_i。其次，我们假设曲面是单值的。对于每个位置，只有一个 z 值。

8.2 场数据描述

场在 GIS 中的记录和存储方式对可能的分析影响很大。场的记录和存储过程有两个步骤：对真实表面进行采样，并采用某种形式的插值来提供连续的表面表示。

步骤1：真实曲面采样。

我们可以通过某种直接测量方法获得了一系列的场的测量值。例如，对于地球表面高程，记录的值称为点高程。更一般的术语是控制点。根据一般方程 $z_i = f(s_i)$，控制点是一系列分散在该区域的某些模式中选定位置的 z 值。现在，越来越多地从航空和卫星遥感平台获取场数据，这包括非常高的空间分辨率的光探测和测距（light detection and ranging，LIDAR）扫描数据，提供在规则的位置网格上的 z 值，也可以通过数字化地图上的等高线来获取场数据。根据方程：

$$z_i = f(s_i) = f(x_i, y_i) \tag{8.2}$$

数字化等高线是（x，y）值对应的解。（x，y）值具有各种固定的 z 值——等高线高度。

步骤2：连续曲面描述。

要忠实地表示任何标量场，实际上需要无限多个点。决定实际使用的点数的很少是曲面本身，而是我们记录和存储它的能力。一般来说，在有限数量的控制点上记录了感兴趣的表面，必须进行重构，以产生我们希望的令人满意的真相的表示。

从有限数量的控制点重建连续场称为插值。因为所采用的表示可能会影响插值技术的选择和后续分析的可能性，因此要考虑在进行插值之前存储和表示场的可能性。

图 8-1 示例的几种可用于记录场数据的方法。以下各节将考虑其中的每一项。

连续表面描述（1）：数字化等高线。

记录和存储高度的一种明显方法是数字化地图中的等高线并存储，如图 8-1（a）所示。通过数字化地图的等高线，可以轻松获取此类数据，通过"回放"存储的坐标也很容易显示。一些曲面的处理操作，例如计算指定高度以上或以下的面积，很容易使用等高线数据。

在与地形图相关的生产制图中，这是首选方法。但对于 GIS 分析，它有严重的局限性。第一，可达到的精度取决于原始地图的比例以及原地图等高线的空间和垂直精度。第二，等高线之间的曲面细节信息全部丢失。第三，和只有少量等高线的缓坡比较起来，该方法对具有许多等高线的陡坡会进行过采样。最后，对于等高线图来说，许多处理操作（例如查找坡度或甚至像任意位置的高程这样明显简单的操作）非常难以自动化。

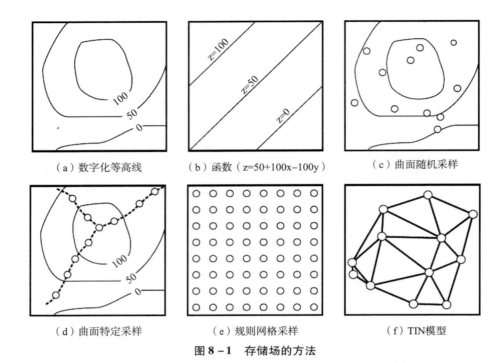

（a）数字化等高线　　　（b）函数（z=50+100x-100y）　　　（c）曲面随机采样

（d）曲面特定采样　　　（e）规则网格采样　　　（f）TIN模型

图 8-1　存储场的方法

连续表面描述（2）：数学函数。

在某些 GIS 应用程序中，可以使用函数表达式，例如：

$$z_i = f(s_i) = f(x_i, y_i) = -12x_i^3 + 10x_i^2 y_i - 14x_i y_i^2 + 25y_i^3 + 50 \quad (8.3)$$

原则上，单一、紧凑的数学表达式是记录和存储表面信息的一种非常好的方法，因为它允许确定任何位置的高度。图 8-1（b）显示了一个简单的示例。图 8-2 显示了更复杂的情况，即上述方程所描述的表面。请注意，x 和 y 可能以公里为单位，而 z 可能以米为单位。

在这种方法中，问题是找到曲面插值或近似的数学函数或函数系列。插值表达式为每个已知控制点提供了精确值，因此它定义的曲面满足所有已知数据。而近似曲面的函数在控制点处可能不是精确拟合的，并且不满足所有数据。

数学函数也用于局部有效分析曲面的方法。从图 8-2 可以看出，在这个小区域之外不远的地方，该方程将给出极值。例如，在 x=0，y=2 时，该方程得出 z=450，这使得地形极其崎岖。

连续曲面描述（3）：点系统。

用等高线或数学函数表示曲面会生成一个紧凑的数据文件，但从某种意义上说，这两种表示都是不真实的。第三种方法是将曲面编码并存储为点系统的一组已知控制点，以此来避免此问题。有三种可能的方法来定位控制点：曲面随机采样、曲面特定采样和网格采样。

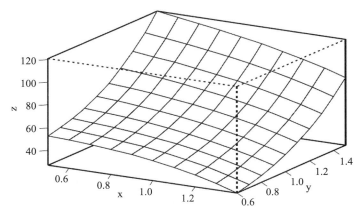

图8-2 在（x，y）值的小范围内，从文本中给出的方程中得到曲面

①在表面随机采样中，选择控制点位置时不参考被采样表面的形状。如图8-1（c）所示，结果是控制点的不规则散布。

②在表面特定采样中，点位于被认为对定义表面很重要的位置，例如峰、坑、隘口和鞍点，以及沿着溪流、山脊和其他斜坡等。这如图8-1（d）所示，其中记录了沿山脊线和表面峰值的点。该方法的优点是，曲面特定的点提供了曲面结构有关的特性的信息。

③在网格采样中，记录穿过（x，y）坐标的规则网格的场高度。这通常作为栅格数据层出现在 GIS 中，如果感兴趣的领域是地球表面的高度，则称为数字高程矩阵（DEM）（见图8-1（e））。

连续曲面描述（4）：不规则三角网（TIN）。

DEM 的常见替代方案是不规则三角网（TIN），如图8-1（f）所示。在 TIN 中，采样点连接成三角形，每个三角形内的地形表示为平面或镶嵌面。在矢量 GIS 中，TIN 可以存储为多边形，每个多边形有三条边，并具有坡度、坡向和三个顶点的高度属性。

在创建三角网时，为了获得最佳结果，重要的是要获得峰值、凹坑和通道等以及沿山脊和山谷线等重要点的样本。许多 GIS 都有这样的功能，将非常密集的 DEM 作为输入，从中自动选择所谓的非常重要的点（very important points，VIPs），以各种方式（通常使用 Delaunay 三角剖分）对选定的点集进行三角剖分，构建三角网。

8.3 空间插值

空间插值是根据在同一区域的控制点的测量值，预测该区域未采样位置处的属性值。由于我们通常无法确认远离控制点的场的真实值，因此，空间插值是一种空间预测。图8-3概述了这个基本问题。

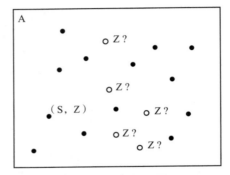

图8-3 插值问题

如果没有关于控制点位置的信息，新样本的最佳估计值可能是样本数据点的平均值。在空间方面，这相当于图8-4所示的情况。我们假设所有未知场高度都有一个等于平均值的值，因此它们在研究区域中形成一个水平面。

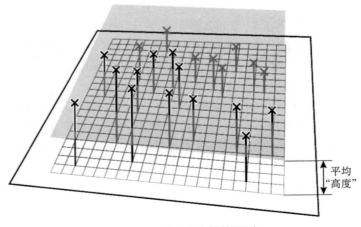

图8-4 不考虑空间的预测

在图8-4中，数据集的较高值往往位于前景，较低值位于背景。使用简单的平均值预测未知位置的值会忽略数据中明确的空间趋势。这导致预测误差或残差的空间模式在前景预测不足，在背景预测过高。

（1）邻近多边形。

使用平均值的一个简单改进是使用邻近多边形为每个未采样点指定其最近控制点。该操作是通过为控制点位置构建邻近多边形来执行的，然后假设每个多边形的高度值均等于控制点处的值。邻近多边形多采用泰森多边形。

邻近多边形方法具有简单的优点，如图8-5所示，但它不会产生连续的估计场。在每个多边形的边缘，都会突然"跳跃"到相邻多边形中的值。在某些情况下，这可能是我们能做得最好的了。它是否合适取决于潜在现象的性质。如果阶跃变化是一个合理的假设，那么该方法就可以了。如果数据不是数字数据，而是标称数据，例如土壤、岩石或植被类型，则邻近多边形方法通常很有用。然而，以这种方式处理标称数据通常不被视为插值。

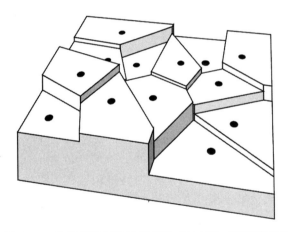

图8-5 使用邻近多边形插值的"块状"、不连续结果

（2）局部空间平均。

另一种插值方法是计算样本数据点的局部空间平均值。与邻近多边形仅使用最近的控制点不同，我们可以仅使用与希望确定其值的位置固定距离内的点。图8-6强调了这种方法的效果和问题。

这三张地图显示了使用连续半径250米、500米和750米来确定同一组点高程的局部空间均值的结果。明显的困难在于，由于某些位置不在任何样本位置的选定距离内，因此不可能估计待定研究区域的值。第二个问题是，由于点在计算中突然地进进出出，因此生成的场不是完全连续的。当局部平均值计算中包含点的半径相对较小时，这一点最为明显。

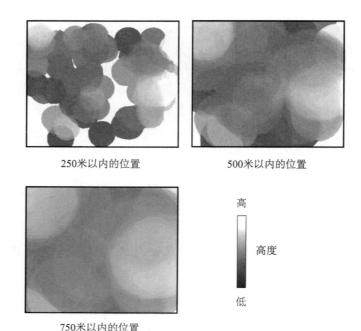

250米以内的位置　　　　　　　　　500米以内的位置

750米以内的位置

图 8 - 6　使用待估计位置 250 米、500 米和 750 米内控制点的平均值进行插值

注：未进行估算的区域以白色显示。

固定半径的替代方法是使用任意数量的最近邻控制点。例如，我们可以选择使用 6 个最近的控制点来计算每个未采样位置的局部平均值。控制点的局部密度不同，计算每个局部平均值时包含的有效半径不同。在控制点密集聚集的区域，半径减小；当控制点稀疏时，半径会增加。这种方法的优点很明显：所有位置都可以估计一个值，因为所有位置都有 3 个（或 6 个，或多个）最近的邻居。

半径限制插值和最近邻插值具有两个特征。首先，半径和数量的选择是任意的。其次，随着估计所基于的值集的大小增加，插值曲面中的不连续步长变小，并产生更平滑的外观。然而，平滑度的出现并不真实，因为控制点仍然会突然进入或退出局部平均值计算。一个副作用是很难在生成的插值曲面上绘制等值线。此外，我们用于估计的控制点集越大，插值曲面越像水平面。这便为经典统计学中心极限定理的空间版本。

（3）逆距加权空间平均。

除了使用"邻近的"的控制点来计算局部平均值外，在确定平均值时还使用逆距加权，较近的位置优先度更大。简单的局部平均值计算是：

$$\hat{z}_j = \frac{1}{m}\sum_{i=1}^{m} z_i \tag{8.4}$$

其中，$\hat{z}_j$ 是第 j 个位置的估计值，$\sum z_i$ 是 m 个相邻控制点的总和。这意味着临界半径内的每个控制点的权重为 1，而临界半径外的所有控制点的权重为 0。与其他空间分析设置一样，可以使用空间权重矩阵 W 来表达这一想法，因此：

$$\hat{z}_j = \sum_{i=1}^{m} w_{ij} z_i \tag{8.5}$$

其中，每个 w_{ij} 是介于 0 和 1 之间的权重，并用从 $s_j \sim s_i$ 处控制点的距离的函数来计算。如果距离是 d_{ij}，那么一个明显的函数是：

$$w_{ij} \propto \frac{1}{d_{ij}} \tag{8.6}$$

这将权重设置为与待插值点和控制点之间距离的倒数成比例。如果希望 w_{ij} 值总和为 1，则将每个权重设置为：

$$w_{ij} = \frac{1/d_{ij}}{\sum_{i=1}^{m} 1/d_{ij}} \tag{8.7}$$

因此，在距离控制点较远的情况下，d_{ij} 的较大值被赋予较小的权重，而在较短距离处的控制点被赋予较大的权重。

要了解其工作原理，请考虑图 8 – 7 中所示的情况。在这里，我们希望使用最近的四个控制点来估计显示为空心圆的点处的场高度，这些控制点的 z 值为 104、100、96 和 88。表 8 – 1 显示了简单逆距加权的计算结果。由此得出加权和的估计值为 95.63。这四个高度的简单平均值为（104 + 100 + 96 + 88）/4 = 97，因此，95.63 的逆距加权结果偏向于较近（在本例中为较低）的值。

如果估计的位置与控制点完全一致，距离 d_{ij} 为零，则使用控制点值作为插值。然而，该方法无法预测数据中低于最小值或高于最大值的值。这是任何将正权重总和限制为 1 的平均技术的一个属性。

逆距加权空间平均通常用于 GIS 中的插值。给定一组控制点，第一步是在该区域上放置点网格。然后为网格上的每个点计算插值。然后可以对网格上的插值进行等高线处理，以生成曲面。

至少可以通过三种方式改变程序，以更改最终等高线图：

①指定更细或更粗的网格来进行插值。非常精细的网格将添加许多局部细节；粗网格将生成更粗略的曲面。

②无论我们使用近邻还是有限半径来选择相邻控制点，随着控制点数量的增加，会产生更平滑的曲面。

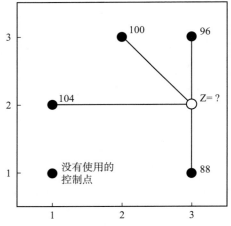

图 8 – 7　空间插值中的逆距加权

表 8 – 1　　　　　　　　　　　使用逆距加权的估计

控制点	高度 z_i	x_i	y_i	距离 d_{ij}	距离的逆 $1/d_{ij}$	权重 w_{ij}	加权值 $w_{ij}z_i$
1	104	1	2	2.00	0.50	0.1559	16.21
2	100	2	3	1.414	0.71	0.2205	22.05
3	96	3	3	1.000	1.00	0.3118	29.93
4	88	3	1	1.000	1.00	0.3118	27.44
总和					3.21	1.000	95.63

③我们可以改变距离权重。可以使用指数 k 来调整权重，其公式为：

$$w_{ij} \propto \frac{1}{d_{ij}^{k}} \tag{8.8}$$

k 值越高，距离越远的点的影响越小，并产生一个"峰值"图，通常在控制点周围有明显的"靶心"。小于 1 的值会增加远点的效果并平滑生成的地图。默认情况下使用 k = 2。

图 8 – 8 显示了使用 m = 12 个邻居从相同数据生成的两个地图，其权重由简单的逆距离和逆距的平方给出。虽然总体形状相似，但两张地图之间存在差异。

我们还可以更改使用的距离加权函数。逆幂的另一种替代方法是逆负指数，由下式得出：

$$w_{ij} \propto e^{-kd_{ij}} \tag{8.9}$$

无论使用何种函数，计算仍必须确保任何插值点的权重总和为 1。

这些可能的插值方案的选择标准是否适用于特定问题。

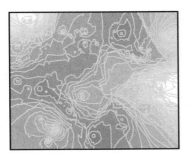  

（a）12个最近邻，w正比于1/d　　　（b）12个最近邻，w正比于1/b²

图8-8　不同逆距加权的差值结果

8.4　趋势面分析

趋势面分析将场概括为"趋势"。在这种情况下，曲面的趋势具有全局属性，即从一个地图边缘平滑延伸到另一个边缘的任何大规模系统变化。

趋势面分析本质上是多元线性回归的简单扩展。任何标量场都可以用方程表示：

$$z_i = f(s_i) = f(x_i, y_i) \tag{8.10}$$

它将曲面高度（z）与每个位置 s 及其地理参考坐标对（x，y）相关联。f 表示未指定的函数。趋势面分析为该函数指定了一个精确且已知的数学形式，然后使用多元回归将其拟合到观测数据。但由于观测数据也会出现测量误差，而且不太可能只有一个趋势生成过程在起作用，因此，任何简单的函数都不可能完全满足观测数据。因此，将出现局部偏离趋势或残差。表示为：

$$z_i = f(s_i) + \varepsilon_i = f(x_i, y_i) + \varepsilon_i \tag{8.11}$$

也就是说，第 i 个点的表面高度由该点的拟合趋势面分量加上该点的残差或误差组成。

趋势面分析中的问题是确定方程趋势部分的函数形式。候选函数的有很多，但最简单趋势面是一个斜面，可以指定为：

$$z_i = \beta_0 + \beta_1 x_i + \beta_2 y_i + \varepsilon_i \tag{8.12}$$

为了计算该方程趋势部分的值，我们需要知道常数参数 β_0、β_1 和 β_2 以及关注点的坐标。这些常数有如下简单的物理解释。第一个 β_0 表示平面在地图原点处的高度，其中 $x_i = y_i = 0$。第二个 β_1 是曲面在 x 方向上的坡度，第三个 β_2 是曲面在 y 方向上的坡度。该问题的最小二乘解如下所示：

$$\beta = (X^T X)^{-1} X^T z \tag{8.13}$$

其中，增广数据矩阵 X 由以下公式得出：

$$X = \begin{bmatrix} 1 & x_1 & y_1 \\ \vdots & \vdots & \vdots \\ 1 & x_n & y_n \end{bmatrix} \tag{8.14}$$

在（8.13）中，β 和 z 分别是包含估计回归系数和观测高度值的向量。

如图 8-9 所示，线性趋势面显示为穿过一系列数据点的着色平面，每个数据点显示为一个圆。一些白色的观察数据点位于趋势面上方，而趋势面下方的数据点则为灰色。趋势面分析使用最小二乘准则拟合观察到的控制点数据。因此，它与使用位置坐标作为其两个自变量的传统回归模型完全相同。

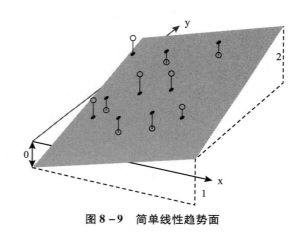

图 8-9　简单线性趋势面

通过一个例子来理解这是如何工作的。表 8-2 显示了某地区温度数据，并显示在图 8-10 中。第一步是测量位置坐标（x, y）。表 8-2 的第二列和第三列显示了这些值以及温度 z。

表 8-2	某地区 1 月份的温度（℉）		
控制点	x	y	z
1	1.8	0.8	11.5
2	5.7	7.1	12.6
3	1.2	45.3	2.4
4	8.4	57.1	-6.6
5	10.2	46.7	-7.9

续表

控制点	x	y	z
6	11.4	40.0	1.0
7	15.9	35.4	2.5
8	10.0	30.9	7.1
9	15.7	10.0	8.4
10	21.1	17.5	5.0
11	24.5	26.4	10.0
12	28.5	33.6	3.1
13	33.5	36.5	1.7
14	36.4	42.9	0.4
15	35.0	4.7	7.4
16	40.6	1.6	7.2
17	39.9	10.0	6.6
18	41.2	25.7	1.5
19	53.2	4.4	2.9
20	55.3	8.3	2.9
21	60.0	15.6	-0.9
22	59.1	23.2	0.0
23	51.8	26.8	1.4
24	54.7	54.0	-6.3

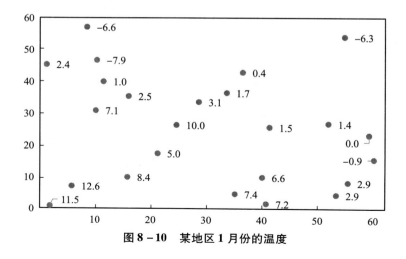

图 8-10 某地区 1 月份的温度

为了准确性和减少劳动力，这种类型的计算几乎总是使用标准计算机软件或 GIS 中的内置功能来完成。拟合的方程为：

$$\hat{z}_i = 13.16 - 0.1198x_i - 0.2587y_i \qquad (8.15)$$

在一些研究中，主要关注的是这种趋势的形式，但在其他研究中，兴趣也可能集中在局部残差的分布上。从前面的方程中可以看出，局部残差为：

$$\varepsilon_i = z_i - (\beta_0 + \beta_1 x_i + \beta_2 y_i) \qquad (8.16)$$

也就是说，每个点的残差由该点的观测到的表面高度与拟合表面预测值之间的差值得出。

最后，通常导出曲面与观测数据拟合程度的指数。这是通过比较拟合曲面的残差平方和与观察到的 z 值与简单平均值的差的平方和来实现的。这由多重相关系数的 R^2 得出：

$$R^2 = 1 - \frac{\sum_{i=1}^{n} \varepsilon_i^2}{\sum_{i=1}^{n} (z_i - \bar{z})^2} = 1 - \frac{SSE}{SS_z} \qquad (8.17)$$

其中，SSE 表示"误差平方和"，SS_z 表示"与平均值的差的平方和"。如果残差较大，则 SSE 将接近 SS_z，R^2 将接近 0。如果残差接近 0，则 R^2 将接近 1。

这种拟合是否具有统计学意义，可以使用 F 统计量进行检验：

$$F = \frac{R^2 / df_{面}}{(1 - R^2) / df_{残差}} \qquad (8.18)$$

其中，$df_{面}$ 是与拟合曲面相关的自由度，$df_{残差}$ 是与残差相关的自由度。

如果该检验显示不存在显著的趋势，则可能是以下几种原因。一种可能性是，表面上确实没有任何形式的趋势。另一个原因是，基础表面有一种趋势，但我们的样本量 n 太小，无法探测到它。第三种可能是我们拟合了错误的函数。

如果线性趋势方程不能提供显著的拟合，则可以拟合其他更复杂的曲面。例如，假设我们希望在整个研究区域内拟合圆顶或槽状趋势。使用的函数应是二次多项式给出一个曲面：

$$z_i = f(x_i, y_i) = \beta_0 + \beta_1 x_i + \beta_2 y_i + \beta_3 x_i y_i + \beta_4 x_i^2 + \beta_5 y_i^2 + \varepsilon_i \qquad (8.19)$$

这仍然是一个基本的趋势模型，但现在有 6 个参数需要估计，从 β_0 到 β_5。现在，X 是六列矩阵：

$$\begin{bmatrix} 1 & x_1 & y_1 & x_1y_1 & x_1^2 & y_1^2 \\ \vdots & \vdots & \vdots & \vdots & \vdots & \vdots \\ 1 & x_i & y_i & x_iy_i & x_i^2 & y_i^2 \\ \vdots & \vdots & \vdots & \vdots & \vdots & \vdots \\ 1 & x_n & y_n & x_ny_n & x_n^2 & y_n^2 \end{bmatrix} \quad (8.20)$$

因此，（X^TX）项将是一个 6×6 的矩阵，反演将相当复杂，当然不需要手动尝试。β 参数的计算机计算并不特别困难。

添加更多项会生成更复杂的三次曲面、四次曲面、五次曲面等，但在实践中，很少使用这些曲面。

无论趋势面分析的优点是什么，它显然是一种相对"哑巴"的技术：

①通常没有令人信服的理由假设感兴趣的现象以如此简单的方式随空间坐标而变化，甚至随坐标平方、立方等的某些组合而变化。

②实际上，残差中几乎总是存在空间自相关。这将表明我们的模型指定是错误的，从而不能很好地使用拟合对结果进行统计的解释。

③数据并不用于帮助选择该模型。

简言之，虽然它作为一种探索技术具有明确的优点，但趋势面分析的理论基础薄弱。因此，与其预先指定表面形状的一般类型，不如使用观察到的控制点数据。

第 3 篇　空间截面数据模型

第 9 章
空间线性回归模型概述

9.1 基本线性回归模型

考虑下面的线性模型：

$$Y = X\beta + \varepsilon \tag{9.1}$$

其中，$Y = \begin{bmatrix} y_1 \\ \vdots \\ y_n \end{bmatrix}$ 是由变量 y 的 n 个观测值组成的向量，$X = \begin{bmatrix} 1 & x_{11} & \cdots & x_{1k-1} \\ \vdots & \vdots & & \vdots \\ 1 & x_{n1} & \cdots & x_{nk-1} \end{bmatrix}$ 是包括一个常数项的由 k – 1 个非随机外生回归变量的

n 个观测值组成的矩阵，$\beta = \begin{bmatrix} \beta_1 \\ \vdots \\ \beta_k \end{bmatrix}$ 是由 k 个未知的待估参数组成的向量，

$\varepsilon = \begin{bmatrix} \varepsilon_1 \\ \vdots \\ \varepsilon_n \end{bmatrix}$ 是由随机扰动项组成的向量。

经典线性回归模型假定对于 k 个回归变量的随机扰动条件是正态、独立的同分布。进一步假定 k 个回归变量不是完全相关的（X 是满秩矩阵）。

在这一系列假定下，由普通最小二乘法（OLS）拟合准则可得到参数向量 β 的最佳线性无偏估计。此外，从随机扰动项的正态性假设，基于极大似然（ML）方法，我们可以得到一个替代的估计量，与 OLS 的答案一

致。ML 估计量和 OLS 估计量的一致性保证了 ML 估计量的解满足大样本性质，也就是渐进正态性、一致性、渐进无偏性，不再局限于线性估计量和不变方差。OLS 估计量与矩估计量（MM）也是一致的。

在回归中的其他假设检验方法，还有广为人知的基于一般检验过程的似然比方法。由于单独一个检验统计量不能改变推理的结果，因而更常见的是似然比检验。LR 也被称为 Wald 检验统计量。LR 检验的另一个近似表达 LR≈LM 在统计学中被称作 Rao 得分检验统计量，它在计量经济学中作为拉格朗日乘数检验而被人熟知。三个检验统计量 LR、W 和 LM 渐进等价并且渐进服从自由度为估计参数值的卡方分布。与其他两个检验相比，LM检验的优势在于不需要事先知道未知参数的极大似然估计量也可以计算，并且不需要任何明确的备择假设设定。

最后，一个至关重要的模型假设检验是检验残差的正态性，这是前面所有检验的基础。主流的参数方法是由哈尔克和贝拉（Jarque and Bera，1987）提出的，他们建议通过联合检验残差的经验分布与高斯分布的三阶矩和四阶矩之间没有明显的差别来构建正态性检验。

基于前面的分析，可以看出回归模型中涉及的各变量可能会存在空间自相关性，可以使用相应的方法与指数进行检验。不仅如此，还可以对回归模型的残差进行空间自相关的检验。

最常用的对 OLS 回归残差空间自相关性的检验是莫兰（Moran，1950）引入的空间相关性检验的一般方法，并且由克利夫和奥德（Cliff and Ord，1972）提议作为对回归残差不相关原假设的检验统计量。Moran 统计量的本质是回归残差和它们空间滞后值之间的相关性，即：

$$\mathrm{Corr}(\varepsilon, \ \mathrm{L}\varepsilon) = \frac{\mathrm{Cov}(\varepsilon, \ \mathrm{L}\varepsilon)}{\sqrt{\mathrm{Var}(\varepsilon)\,\mathrm{Var}(\mathrm{L}\varepsilon)}} \tag{9.2}$$

根据式（9.2），并通过使用空间滞后定义（$\mathrm{L}(y) = \mathrm{W} \times y$）并且假定（与平稳时间序列中发生的情况类似）：

$$\mathrm{Var}(\varepsilon) = \mathrm{Var}(\mathrm{L}\varepsilon) \tag{9.3}$$

可以证明，由于空间滞后定义的性质，式（9.3）对于空间数据不再成立，我们有 $\mathrm{Var}(\varepsilon) \geqslant \mathrm{Var}(\mathrm{L}\varepsilon)$。在它的原始定义中，Moran's I 统计量考虑了下面方程中分母方差的有偏估计量以及等于权重之和的分子的标准化因子：

$$\mathrm{Corr}(\varepsilon, \ \mathrm{L}\varepsilon) = \frac{\mathrm{Cov}(\varepsilon, \ \mathrm{L}\varepsilon)}{\mathrm{Var}(\varepsilon)} = \frac{\varepsilon^{\mathrm{T}}\mathrm{W}\varepsilon}{\varepsilon^{\mathrm{T}}\varepsilon} \tag{9.4}$$

因此，上面的方程的实证形式可以表示为：

$$I = \frac{n\varepsilon^{\mathrm{T}}\mathrm{W}\varepsilon}{\varepsilon^{\mathrm{T}}\varepsilon\left(\sum_{i}\sum_{j}w_{ij}\right)} \tag{9.5}$$

当权重矩阵是行标准化的时候，$\sum_i \sum_j w_{ij} = n$ 且上式可以简化为：

$$I = \frac{\varepsilon^T W \varepsilon}{\varepsilon^T \varepsilon} \qquad (9.6)$$

克利夫和奥德（1972）在两个不同的假设下推导出了统计量的样本分布，这两个假设分别是：①随机性；②残差的正态性。在第一种情况下，样本分布通过考虑可能边界系统中所有观测数据的可能排列并计算它们的 Moran's I 统计量得到。它们同时证明了渐进分布是正态的并且期望值不依赖于所选的特定假设，而且始终有以下表达式：

$$E(I) = \frac{n \text{tr}(M_x W)}{S_0(n-k)} \qquad (9.7)$$

其中，$S_0 = \sum_i \sum_j w_{ij}$，$M_x = I - P_x$，$Px = X(X^T X)^{-1} X^T$。相反，它的方差取决于选择的假设。特别地，如果我们假定了残差的正态性，则方差可以表示为：

$$\text{Var}(I) = \left(\frac{n}{S_0}\right)^2 \times \frac{\text{tr}(M_x W M_x W^T) + \text{tr}(M_x W)^2 + [\text{tr}(M_x W)]^2}{(n-k)(n-k+2)} - E(I)^2$$

$$(9.8)$$

需要注意的是，Moran's I 检验受到没有基于明确备择假设的限制。然而，由于目前已经提到的检验和 LM 检验的等价性［由 Burridge（1980）证明］，这并不是一个主要缺点。

9.2　空间交互效应

由于空间单元之间存在不同类型的空间交互效应，埃尔霍斯特（Elhorst，2014）指出在建立空间计量模型的过程之前必须区分空间计量模型所涉及的 3 种不同的空间交互效应（spatial interaction effects）：

①内生性空间交互效应（endogenous interaction effects）；

②外生性空间交互效应（exogenous interaction effects）；

③误差项之间的空间交互效应（interaction effects in the residuals）。

接下来就简单地分别介绍这三种空间交互效应。

（1）内生性空间交互效应。

内生性空间交互效应指的是空间单元 i 的某个特定的决策在某种方式上与空间单元 j 的决策相互依赖，在空间计量模型中具体表现为：

空间单元 i 的因变量 y_i ←——→ 空间单元 j 的因变量 y_j

由此可见，内生性空间交互效应是空间单元 i 与空间单元 j 的因变量 y 之间的交互影响（Wy）。在截面数据的空间计量模型中，它对应的就是空间滞后模型（spatial lag Y model）。

（2）外生性空间交互效应。

外生性空间交互效应指的是空间单元 i 的某个特定的决策在某种方式上依赖于空间单元 j 的决策。在空间计量模型中具体表现为：

空间单元 j 的自变量 x_j → 空间单元 i 的因变量 y_i

由此可见，外生性空间交互效应是空间单元 j 的自变量 x_j 对空间单元 i 的因变量 y_i 的外生空间影响（WX）。在截面数据的空间计量模型中，它对应的就是自变量空间滞后模型（spatial lag of X model）。

（3）误差项之间的空间交互效应。

误差项之间的空间交互效应指的是空间单元 i 的误差项与空间单元 j 的误差项相互依赖。在空间计量模型中具体表现为：

空间单元 i 的误差项（ε_i）→ 空间单元 j 的误差项（ε_j）

由此可见，误差项之间的空间交互效应的概念与内生性空间交互效应很类似，是误差项之间的空间自相关，反映的是误差项之间的空间依赖性。在截面数据的空间计量模型中，它对应的就是空间误差模型（spatial error model）。

9.3 空间计量模型的总览

由于存在三种不同的空间交互效应，为了后面模型分类解释的方便，可以分别定义这三种空间交互效应为：

①内生性空间交互效应（a）；

②外生性空间交互效应（b）；

③误差项之间的空间交互效应（c）。

根据不同的空间交互效应的组合，可以形成不同的空间计量模型。一般来说，存在以下 7 种空间计量模型：

①若模型只包含内生性空间交互效应（a），则称为空间自回归模型（spatial autoregressive model，SAR 模型）或者空间滞后模型（spatial lag model，SLM）；

②若模型只包含外生性空间交互效应（b），则称为自变量空间滞后模

型（spatial lag of X model，SLX 模型）；

③若模型只包含误差项之间的空间交互效应（c），则称为空间误差模型（spatial error model，SEM）；

④若模型包含内生性空间交互效应（a）和外生性空间交互效应（b），则称为空间杜宾模型（spatial Durbin model，SDM）；

⑤若模型包含外生性空间交互效应（b）和误差项之间的空间交互效应（c），则称为空间杜宾误差模型（spatial Durbin error model，SDEM）；

⑥若模型包含内生性空间交互效应（a）和误差项之间的空间交互效应（c），则称为 Kelejian - Prucha 空间模型（kelejian and prucha model，KPM）或者 SAC 模型；

⑦若模型包含内生性空间交互效应（a）、外生性空间交互效应（b）和误差项之间的空间交互效应（c），则称为通用嵌套空间模型（general nesting spatial model，GNSM）。

SEM（空间误差模型）、SLX（the spatial lag of X）、SAR（空间自回归模型，空间滞后模型）、SAC（Kelejian - Prucha 空间模型，一般空间模型）、SDM（空间杜宾模型）、SDEM（空间杜宾误差模型）和通用嵌套空间模型相互之间可以进行一定程度的转化（见图 9 - 1）。从某种意义上讲，也反映了空间计量模型的演化过程。

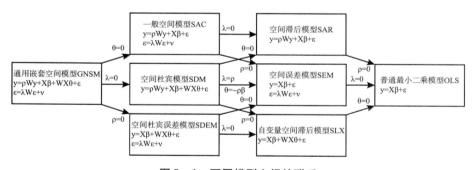

图 9 - 1　不同模型之间的联系

先从图 9 - 1 最左边的一般嵌套空间模型开始分析。通过对一般嵌套空间模型添加约束条件就可以得到图 9 - 1 右边的各种模型。

如果一般嵌套空间模型的自变量空间滞后项系数 $\theta = 0$，那么就可以得到一般空间模型；如果一般嵌套空间模型的空间自相关系数 $\lambda = 0$，那么就可以得到空间杜宾模型；如果一般嵌套空间模型的空间自回归系数 $\rho = 0$，那么就可以得到空间杜宾误差模型。

如果一般空间模型的空间自相关系数 $\lambda = 0$，那么就可以得到空间滞后模型；如果一般空间模型的空间自回归系数 $\rho = 0$，那么就可以得到空间误差模型。

如果空间杜宾模型的自变量空间滞后项系数 $\theta = 0$，那么就可以得到空间滞后模型；如果空间杜宾模型的空间自回归系数 $\rho = 0$，那么就可以得到自变量空间滞后模型；如果空间杜宾模型的 $\theta = -\rho\beta$，$\lambda = \rho$，那么就可以得到空间误差模型。

如果空间杜宾误差模型的自变量空间滞后项系数 $\theta = 0$，那么就可以得到空间误差模型。

如果空间滞后模型的空间自回归系数 $\rho = 0$，那么就可以得到普通最小二乘模型（OLS 模型）；如果自变量空间滞后模型的自变量空间滞后项系数 $\theta = 0$，那么就可以得到普通最小二乘模型；如果空间误差模型的空间自相关系数 $\lambda = 0$，那么就可以得到普通最小二乘模型。

上述各个空间计量模型之间的相互转换依赖于约束条件，大多数约束条件非常简单清晰。最复杂的是空间杜宾模型与空间误差模型的转变，下面就简要地推导一下转变的过程。先给出空间杜宾模型，如下所示：

$$y = \rho Wy + X\beta + WX\theta + \varepsilon \tag{9.9}$$

$$(I - \rho W)y = X\beta + WX\theta + \varepsilon \tag{9.10}$$

把 $\theta = -\rho\beta$ 代入可得：

$$
\begin{aligned}
(I - \rho W)y &= X\beta + WX(-\rho\beta) + \varepsilon \\
(I - \rho W)y &= (I - \rho W)X\beta + \varepsilon \\
y &= X\beta + (I - \rho W)^{-1}\varepsilon
\end{aligned}
\tag{9.11}
$$

令 $(I - \rho W)^{-1} = \mu$，由于 $(I - \rho W)^{-1} = I + \rho W$，则式（9.11）变为：

$$y = X\beta + \mu \tag{9.12}$$

$$(I + \rho W)\varepsilon = \mu$$

整理式（9.12），即可得到空间误差模型：

$$y = X\beta + \mu \tag{9.13}$$

$$\mu = \rho W\mu + \varepsilon$$

如果 $\lambda = \rho$ 那么就变成了常见的空间误差模型。由此，如果在实证分析中采用的是空间杜宾模型，但是数据生成过程应该为空间滞后模型或者空间误差模型，那么空间杜宾模型也不会产生有偏的估计系数。在实证分析中，如果一开始选择空间杜宾模型，但是统计检验结果发现关键参数不显著，那么空间杜宾模型可以退化为空间滞后模型或者空间误差模型。

9.4　实证研究中模型的出发点

这八种模型之间是相互联系的，通过约束条件可以进行转化。这就产生了一个问题。在实证分析中，究竟是从最左边的一般嵌套空间模型开始分析，还是从最右边的 OLS 模型开始分析？

如果研究的思路是从左到右，则称为从一般到特殊方法；反之，如果研究的思路是从右到左，则称为从特殊到一般方法。在实证分析研究中，两种方法都是可行的。

（1）从 OLS 模型出发。

弗洛雷斯等（Florex et al.，2003）就以经典线性回归模型作为研究的出发点（departure），然后对模型进行扩展。具体来说，在最简单的 OLS 模型中添加空间滞后项要比从一般到特殊方法好得多。埃尔霍斯特（2010a）也非常赞同这样的研究思路。

（2）从一般嵌套空间模型出发。

从图 9 - 1 来看，似乎应该以最复杂的通用嵌套空间模型作为分析的开始，因为一般嵌套空间模型包含了所有三种空间交互效应。通过简单地扩展自变量空间滞后项，利用估计 SAC 空间模型的函数命令"sac. m"得到的空间自回归参数 ρ 和空间自相关参数有可能超出 [-1，1] 的范围。尽管通用嵌套空间模型包含所有的空间交互效应，使得估计出这些空间交互效应变得复杂，但是，埃尔霍斯特（Elhorst，2010a）发现在估计通用嵌套空间模型上并没有太多的技术障碍，并且埃尔霍斯特（2010a）修正了这个偏误。估计上没有问题，问题在于对模型的解释，很难区分通用嵌套空间模型的内生的空间交互效应和外生的空间交互效应。

（3）从空间杜宾模型出发。

作为空间杜宾模型的倡导者，勒沙杰和佩斯（LeSage and Pace，2009）认为空间杜宾模型理应成为研究的起点，因为在模型设定中忽略因变量空间滞后项和自变量空间滞后项 WX 的风险很高。

具体来说，因变量空间滞后项 Wy 和自变量空间滞后项 WX 作为解释变量在模型中被遗漏，那么会导致产生模型设定偏误问题（Greene，2011）。相反的是，如果只是忽略了空间自相关误差项 Wε，则只是造成了一些效率的损失而已。

换言之，数据生成过程即便是其他空间回归模型（除通用嵌套空间模型之外），选择空间杜宾模型也不会得到有偏的估计，只不过存在一些效率的损失而已。

相反，如果选用 SAC 空间模型，数据生成过程是空间杜宾模型或者空间杜宾误差模型，那么 SAC 空间模型就有遗漏变量的风险。

同理，选用空间杜宾误差模型，如果数据生成过程是空间滞后模型、SAC 空间模型或者空间杜宾模型，那么空间杜宾误差模型也有遗漏变量的风险。

选用空间杜宾模型还有一个好处，那就是如果数据生成过程是空间误差模型，那么空间杜宾模型也不会产生错误的标准误和 t 统计量，因为空间误差模型是空间杜宾模型的一个特例。

第 10 章
空 间 计 量 模 型 选 择

面对众多的模型，首先的问题是模型的选择。在空间计量实证研究中，研究者通常希望得到一个能够较好地描述数据的空间特征和经济现象的模型，并把后续的分析工作建立在假定这个模型与数据生成过程相符的基础上，因此选择恰当的空间计量模型至关重要。模型选择是数据分析的重要组成部分，是模型建立的基础，也是实证研究的一个关键环节。因此，空间计量模型的选择问题变成了空间建模必须要解决的问题。选择的模型与数据生产的过程不一致可能会影响模型估计的无偏性和有效性，可以通过一些检验方法来确定模型的选择。

（1）数据生成过程对模型估计的影响。

对不同的数据生成过程使用不同的模型会导致估计存在不同的无偏性和有效性（见表 10 - 1）。

表 10 - 1 　　　　　　　　数据生成过程对模型估计的影响

使用的模型	SEM	SAR	SDM	SAC
SEM	无偏，有效	有偏	有偏	有偏
SAR	无偏，无效	无偏，有效	有偏	无偏，无效
SDM	无偏，无效	无偏，有效	无偏，有效	无偏，无效
SAC	无偏，有效	无偏，有效	有偏	无偏，有效

首先，如果使用的模型恰好与数据生成过程相对应，那么估计就是无偏且有效的，也就是表 10 - 1 中的对角线上的情况。其次，空间杜宾模型含有解释变量空间变量，如果忽略这一项而使用其他模型，那么将会导致估计是有偏的，原因类似于自变量空间滞后模型相对于经典线性模型的估计的讨论。再次是对误差项空间滞后的忽略会导致估计的无效性，不过实际上，只要无偏并且样本量足够大，无效性的问题并不是那么不可以接受，

这类似于空间误差模型相对于经典线性模型的估计的讨论。最后是对因变量空间滞后的忽略同样会导致有偏，这类似于空间滞后模型相对于经典线性模型的估计的讨论。综上所述，最不能接受的就是忽略因变量和自变量的空间滞后。

（2）残差的空间依赖性。

在进行空间计量模型回归估计之前，很多实证分析研究通常的做法是对因变量进行全域空间自相关分析，用来描述空间单元的某个要素的观察值与相邻空间单元的要素的观察值是否相近。一般采用的测度指标是Moran's I。

在估计空间计量模型之前对因变量进行空间自相关检验是很多实证论文的通常做法。需要指出的是：因变量存在空间自相关现象并非在模型右边添加因变量的空间滞后项的必要条件，尽管有时候因变量存在显著的空间自相关现象。

在拉格朗日乘子检验的方法被发表之前，空间自相关检验实际上应用在检验模型回归后的残差是否存在空间自相关现象上（Cliff and Ord，1981）。如果模型回归后的残差存在空间自相关现象，那么应该通过添加因变量的空间滞后项（即建立空间滞后模型）或者添加空间自相关误差项（即建立空间误差模型）来消除残差中的空间依赖性问题。

实际上，Moran's I 检验只是一种简单判别残差是否存在空间自相关的方法，与因变量的空间滞后项和空间滞后误差项在模型中是否显著并无关系。

可以通过一些检验方法来确定模型的选择。当前空间计量模型的实证研究中，很多文献均是对基于 LM 检验的空间自相关和空间误差模型进行选择与分析，而 LM 检验确实存在局限性。同时，空间计量模型已极为丰富，我们有必要根据实际的研究问题在更广泛的空间计量模型中作出合理的选择。现有的空间计量模型选择方法可以归纳为表 10 – 2。

表 10 – 2　　　　　　　　　　现有的空间计量模型选择方法

检验方法	检验准则
基于统计检验方法	Moran 指数检验、LM 检验
基于极大似然值方法	AIC、BIC、HQC、QAIC
基于模型后验概率的贝叶斯选择方法	
基于 MCMC 的空间计量模型选择方法	

10.1　基于统计检验的空间计量经济模型选择方法

（1）Moran's I 检验。

Moran's I 反映的是空间邻接或邻近的区域单元属性值的相似程度。通过 Moran's I 可以检验模型是否存在空间相关性。该检验的原假设是模型不存在空间相关性，当拒绝原假设时．并不能够确定存在空间相关性的具体模型形式，从而 Moran's I 检验无法用来确定空间效应是空间自回归还是空间残差相关，即 Moran's I 只能检验空间相关性是否存在，对空间模型的选择起不到作用。前面论及的其他检验空间自相关性的指标大多与 Moran's I 有同样的用途。

1948 年，莫兰（Moran）提出了全局 Moran 指数（Moran's I），计算公式如下：

$$I = \left[\frac{n}{\sum\limits_{i=1}^{n} (y_i - \overline{y})^2} \right] \times \left[\frac{\sum\limits_{i=1}^{n} \sum\limits_{j=1}^{n} w_{ij}(y_i - \overline{y})(y_j - \overline{y})}{\sum\limits_{i=1}^{n} \sum\limits_{j=1}^{n} w_{ij}} \right] \quad (10.1)$$

Moran's I 可以看作观测值与它的空间滞后（spatial lag）之间的相关系数。变量 x_i 的空间滞后是 x_i 在领域 j 的平均值，定义为：

$$x_{i,-1} = \frac{\sum\limits_{j} w_{ij} x_{ij}}{\sum\limits_{j} w_{ij}} \quad (10.2)$$

因此，Moran 指数的取值一般在 -1~1 之间。Moran 指数大于 0 表示正相关，值接近 1 时表明具有相似的属性集聚在一起（高值与高值相邻，低值与低值相邻）；小于 0 表示负相关，值接近 -1 时表明具有相异的属性集聚在一起（高值与低值相邻、低值与高值相邻）。如果 Moran 指数接近于 0，则表示属性是随机分布的，或者不存在空间自相关性。与 Moran 指数相似，Geary 指数，也是全局聚类检验的一个指数。计算 Moran 指数时，用的是中值离差的叉乘。但是，Geary 指数。强调的是观测值之间的离差，其公式是：

$$C = \left[\frac{n-1}{\sum\limits_{i=1}^{n} (y_i - \overline{y})^2} \right] \times \left[\frac{\sum\limits_{i=1}^{n} \sum\limits_{j=1}^{n} w_{ij}(y_i - y_j)^2}{2 \sum\limits_{i=1}^{n} \sum\limits_{j=1}^{n} w_{ij}} \right] \quad (10.3)$$

Geary 指数 C 的取值一般在 0~2 之间（2 不是一个严格的上界），大于

1 表示负相关，等于 1 表示不相关，而小于 1 表示正相关。因此，Geary 指数与 Moran 指数刚好相反。Geary 指数也被称为 G 系数。

MATLAB 系统已经自带 OLS 模型的估计函数命令"regress. m"，但是出于一致性和连贯性的目的，LeSage 重新编写了估计 OLS 模型的函数命令，在空间计量经济学工具箱中，该函数命令为"ols. m"。

Moran 检验在 MATLAB 中也很容易实现，它采用的是勒沙杰（LeSage）编写的空间计量经济学工具箱中的"moran. m"函数命令。

（2）LM 检验。

伯里奇（Burridge, 1980）提出 LM – Error（lagrange multiplier test, LM）检验，贝拉和尹（Bera and Yoon, 1992）对 LM – Error 检验进行改进，提出稳健 LM – Error 检验。安瑟林（Anselin, 1988）提出了稳健 LM – Lag 检验，贝拉和尹（1992）进一步改进 LM – Lag 检验，提出了稳健 LM – Lag 检验（Robust LM – Lag），这四个统计量分别为：

$$LM - Error = \frac{(e'We/s^2)^2}{T} \sim \chi^2(1) \tag{10.4}$$

$$LM - LAG = \frac{(e'Wy/(e'e/N))^2}{R} \sim \chi^2(1)$$

$$Robust\ LM - Error = \frac{(e'Wy/s^2 - TR^{-1}e'We/s^2)^2}{T - T^2R^{-1}} \sim \chi^2(1) \tag{10.5}$$

$$Robust\ LM - LAG = \frac{(e'Wy/s^2 - e'We/s^2)^2}{R - T} \sim \chi^2(1)$$

其中，$R = (WX\hat{\beta})'M(WX\hat{\beta})'(e'e/N) + tr(W^2 + W'W)$，$T = tr(W^2 + W'W)$，$s^2 = \frac{e'e}{N}$，$\hat{\beta}$ 是原假设中模型参数的 OLS 估计。

这 4 个检验统计量分别对应着空间计量经济学模型 LM 检验的四种情况。

①LM – Error 统计量——不存在空间自回归时空间残差相关的 LM 检验。原假设是模型残差不存在空间相关。备择假设表示残差存在空间效应，残差的空间效应又包括空间残差自相关和空间残差移动平均两种情况：

$$H_0: Y = X\beta + \varepsilon, \ \varepsilon \sim N(0, \ \sigma^2 I) \tag{10.6}$$
$$H_1: \varepsilon = \lambda W\varepsilon + \mu \ （或 \varepsilon = \lambda W\mu + \mu）$$

②LM – Lag 统计量——不存在空间残差相关时空间自回归效应的 LM 检验，原假设是模型残差不存在空间相关：

$$H_0: Y = X\beta + \varepsilon, \ \varepsilon \sim N(0, \ \sigma^2 I) \tag{10.7}$$
$$H_1: Y = \rho Wy + X\beta + \varepsilon$$

③Robust LM – Error 统计量——存在空间自回归时空间残差相关的 LM 检验。原假设仍然是模型残差不存在空间相关。备择假设情况同（1）：

$$H_0: Y = \rho Wy + X\beta + \varepsilon \quad (10.8)$$
$$H_1: \varepsilon = \lambda W\varepsilon + \mu \ (或 \ \varepsilon = \lambda W\mu + \mu)$$

④Robust LM – Lag 统计量——存在空间残差相关性时空间自回归效应的 LM 检验。

$$H_0: Y = X\beta + \lambda W\varepsilon + \mu, \ \mu \sim N(0, \ \sigma^2 I) \quad (10.9)$$
$$H_1: Y = \rho Wy + X\beta + \lambda W\varepsilon + \mu$$

根据 LM 的 4 个统计量构建判别过程及准则为：先进行 OLS 回归，得到回归模型的残差，再基于残差进行 LM 诊断。模型选择的标准如图 10 – 1 所示。需要说明的是，这个流程图适用于普通最小二乘模型、空间滞后模型和空间误差模型三者之间的选择判断。

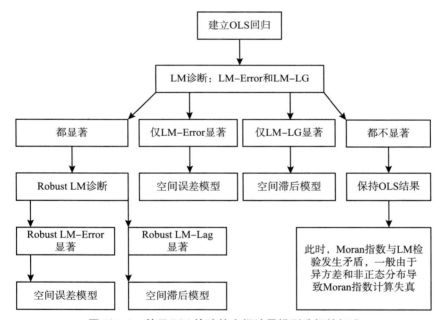

图 10 – 1　基于 LM 检验的空间计量模型选择的标准

由图 10 – 1 可以看出，首先进行 OLS 回归，然后再进行 LM 检验。检验的结果可能存在三种情况，接下来就按照图 10 – 1 对这三种情况分别进行判断：

①LM – Error 统计量和 LM – Lag 统计量检验结果都不显著，那么就停止空间计量模型回归分析，采用 OLS 模型取得回归结果。

②LM – Error 统计量和 LM – Lag 统计量检验只有 1 个显著，因此：

如果 LM – Error 统计量检验结果显著，那么指向空间误差模型。

如果 LM – Lag 统计量检验结果显著，那么指向空间滞后模型。

③LM – Error 统计量和 LM – Lag 统计量检验结果 2 个都显著，则需要进行稳健性的 LM – Error（Robust LM – Error）和稳健性的 LM – Lag（Robust LM – Lag）统计量检验，这时候仍然可能存在两种情况：

如果稳健性的 LM – Error 统计量检验结果显著，那么指向空间误差模型。

如果稳健性的 LM – Lag 统计量检验结果显著，那么指向空间滞后模型。

这 4 个统计量存在一种平衡关系，即 LM – Lag + Robust LM – Error = LM – Error + Robust LM – Lag。

对于 LM 检验，MATLAB 空间计量经济学工具箱提供的函数命令是"LMsarsem_panel. m"。结果如表 10 – 3 所示。

表 10 – 3   LM 检验示例

LM 统计量	统计量的值	伴随概率
LM test no spatial lag，probability	8. 8980	0. 003
robust LM test no spatial lag，probability	3. 7357	0. 053
LM test no spatial error，probability	5. 2062	0. 023
robust LM test no spatial error，probability	0. 0439	0. 834

从检验结果来看，左边第一列标记出了 4 个 LM 统计量，第 1 个为 LM – Lag 统计量；第 2 个为 Robust LM – Lag 统计量；第 3 个为 LM – Error 统计量，第 4 个为 Robust LM – Error 统计量。

第二列是统计量相应的值，第三列则是相应的伴随概率。从第三列结果来看，第 1 个统计量（LM – Lag）和第 3 个统计量（LM – Error）的伴随概率都小于 0. 05，也就是说，这 2 个统计量都在 5% 的显著性水平下拒绝了原假设。根据这两个统计量无法判断究竟选择空间滞后模型还是空间误差模型。

这时候需要借助稳健性的 LM 检验。第 2 个统计量（Robust LM – Lag）的伴随概率为 0. 053，说明在大约 5% 的显著性水平下拒绝了原假设，即拒绝了"不是空间滞后模型"的原假设；而最后一个统计量（Robust LM – Error）的伴随概率为 0. 834，说明在 10% 的显著性水平下无法拒绝"不是空间误差模型"的原假设。综合第 2 个和第 4 个统计量的检验结果来看，模型应该选择空间滞后模型。

LM 检验具有很大的局限性，只是针对 SAR 模型和 SEM 区分有效。另外，安瑟林（Anselin，1988）给出了 3 种统计量检验空间滞后项是否显著，即 Wald 统计量、Likelihood Ratio（LR）统计量和拉格朗日乘子（LM）统计量，这 3 种统计量的大小排列应遵从 Wald > LR > LM。在有限的样本情况下，如果这 3 种统计量排列不遵从这个顺序，那么模型设定可能有误。LM 统计量即为 LM 检验的值。

Wald 统计量等于 t 统计量的平方，服从 $\chi^{2(1)}$ 分布。Wald 统计量如下表示：

$$Wald = t^2$$

LR 统计量的构造如下所示：

$$LR = -2 \times (\ln L_0 - \ln L_1) \tag{10.10}$$

其中，$\ln L_0$ 为原假设模型的对数似然值；$\ln L_1$ 为备选模型的对数似然值。

10.2 基于信息准则的空间计量经济模型选择方法

当得到极大对数似然值之后，通常认为似然值较大的模型较优，但是在实际使用中发现很多时候模型的似然值并没有显著差异，因而失去可比性，于是在似然值的基础上增加惩罚机制，便产生了模型选择的信息准则方法。安瑟林（Anselin，1988）给出了 3 个统计量来进行模型的比较，分别是对数似然值、赤池信息准则（AIC）和施瓦茨准则（SC）。其中，对数似然值统计量越大说明模型越好，而 AIC 和 SC 统计量越小说明模型越好。

在空间计量模型中的信息准则计算公式和一般模型相同，只是对数似然值按空间计量模型对数似然值计算方法得到。

（1）赤池信息准则：AIC。

综合权衡模型适用性和复杂性的 AIC 定阶准则为：

$$AIC = -2\ln(L) + 2k \tag{10.11}$$

其中，$\ln(L)$ 表示极大对数似然函数值，k 代表模型中的参数个数，AIC 优先考虑 A1C 值最小的那一个模型。第一项表示所建模型与真实分布的偏差，通常模型越复杂，估计偏差越小，但待估参数越多，从而第二项越大；相反，模型越简单估计偏差越大，待估参数越少，第二项越小，但所建模型与真实分布偏差增大，所以第二项是一个"惩罚项"。AIC 是寻找可以最好地解释数据但包含最少待估参数的模型，权衡了模型的适用性与复杂性，突破了之前单单从模型拟合度思考的倾向。

尽管 AIC 在实际应用中对似然函数值来说取得了较好效果，但也有不足之处：在样本数据具有较高偏度或峰度时，惩罚项无法弥补极大似然估计在估计参数时的损失。同时，备选模型具有相同结构和参数时，AIC 也会无能为力。关键是在 AIC 中，模型参数个数的惩罚因子权重始终为常数 2，即它与样本容量 n 无关。随着样本容量的增大，模型的拟合误差放大，导致样本容量趋于无穷大时，AIC 选择的拟合模型不收敛于真实模型，它通常比真实模型所含的未知参数个数要多。于是，很多学者尝试对惩罚项进行修改，来平衡模型过度拟合和拟合不足问题。

（2）贝叶斯信息准则（施瓦兹准则）：BIC。

为了对 AIC 准则进行改进，Akaike 于 1976 年提出贝叶斯信息准则（Bayesian information criterion，BIC），也称施瓦兹准则：

$$BIC = -2\ln(L) + k\ln(n) \qquad (10.12)$$

BIC 将未知参数个数的惩罚权重由常数 2 变成了样本容量的对数，当样本容量大于等于 8 时，BIC 惩罚项的值大于 AIC 惩罚项的值，即通常情况下 BIC 要求更精简的模型。

（3）汉南—奎因准则：HQ。

除了以上 AIC、BIC 信息准则之外，还有汉南—奎因准则（Hannan - Quinn criterion，HQ）：

$$HQ = -2\ln(L) + \ln[\ln(n)]k \qquad (10.13)$$

这些准则也可以概括为：

$$Criu(L, nMk) = -2\ln(L) + Pen(n, k) \qquad (10.14)$$

即都是 $-2\ln(L)$ 加上一个与 n，k 相关的惩罚项。这些信息准则均"鼓励"数据拟合的优良性，但是尽量避免出现过度拟合的情况。增加待估参数（与解释变量的个数对应）的数目提高了拟合的优良性，但也增加了"惩罚力度"。当样本数和待估参数个数相同的条件下（去除了惩罚项的影响），极大似然值最大和 AIC、BIC、HQ 最小就完全一致了。BIC 和 HQ 倾向于选择比 AIC 更精简的模型，AIC 显得过于保守。

（4）数据过度离散情况下的信息准则：QAIC。

伯纳姆和安德森（Burnham and Anderson，2002）还分别给出了数据存在过度离散和小样本两种情况下的信息准则。数据过度离散情况下的信息准则 QAIC（Quasi - AIC）定义为：

$$QAIC = 2k - \frac{2}{VIF}\ln(L) \qquad (10.15)$$

其中，VIF 为方差膨胀因子。在小样本情况下的信息准则 QAIC 表示为：

$$QAK' = QAIC + \frac{2k(k+1)}{n-k-1} \qquad (10.16)$$

即 QAIC 可以调整过度离散或缺乏拟合的情况。

信息准则在模型选择时具有很好的优势，如它对嵌套模型和非嵌套模型均有效，且可以比较具有不同误差分布的模型，但是，在空间计量模型的模拟分析过程中发现它们检验的效度并不高，需要进一步使用更为复杂的方法——贝叶斯模型选择方法。

10.3　基于模型后验概率的贝叶斯选择方法

要得到后验概率和后验机会比进行模型选择，必须先计算出边际似然函数。

（1）空间计量模型中边际似然函数值的计算。

设 W 的最大特征值和最小特征值分别为 K_{max} 和 K_{min}（若 W 为行标准化空间加权矩阵，则 $K_{max} = 1$），记 $D = 1/K_{max} + 1/K_{min}$，$p(\theta) = 1/D$，$P = I - \lambda W$，$X^* = PX$，$y^* = Py$，$S = s2$ 是 y^* 关于 X^* 回归得到的残差平方和。则 SEM、OLS、SAR、SMA、SDM 和 SARMA 的边际似然函数分别为：

$$p(y \mid M_{SEM}) = \frac{1}{D} \frac{1}{(2\pi)^{(n-k)/2}} \Gamma\left(\frac{n-k}{2}\right) \int \frac{|P|}{|X^{*'}X^*|^{1/2}} \frac{1}{S^{(n-k)/2}} d\theta$$

$$(10.17)$$

$$p(y \mid M_{OLS}) = \frac{1}{D} \frac{1}{(2\pi)^{(n-k)/2}} \Gamma\left(\frac{n-k}{2}\right) \frac{1}{|X'X|^{1/2}} \frac{1}{S^{(n-k)/2}} \quad (10.18)$$

$$p(y \mid M_{SAR}) = \frac{1}{D} \frac{1}{(2\pi)^{(n-k)/2}} \Gamma\left(\frac{n-k}{2}\right) \frac{1}{|X'X|^{1/2}} \int |P| \frac{1}{S^{(n-k)/2}} d\rho$$

$$(10.19)$$

$$p(y \mid M_{SMA}) = \frac{1}{D} \frac{1}{(2\pi)^{(n-k)/2}} \Gamma\left(\frac{n-k}{2}\right) \int \frac{|P|}{|X^{*'}X^*|^{1/2}} \frac{1}{S^{(n-k)/2}} d\rho$$

$$(10.20)$$

$$p(y \mid M_{SDM}) = \frac{1}{D} \frac{1}{(2\pi)^{(n-k)/2}} \Gamma\left(\frac{n-k}{2}\right) \int \frac{|P|}{|X^{*'}X^*|^{1/2}} \frac{1}{S^{(n-k)/2}} d\rho$$

$$(10.21)$$

$$p(y \mid M_{SARMA}) = \frac{1}{D_1} \frac{1}{D_2} \frac{1}{(2\pi)^{(n-k)/2}} \Gamma\left(\frac{n-k}{2}\right) \iint \frac{|P||G^{-1}|}{|X^{*'}X^*|^{1/2}} \frac{1}{S^{(n-k)/2}} d\lambda d\rho$$

$$(10.22)$$

卡林和路易斯（Carlin and Louis，1997）给出了几种利用传统基于 MC 的边际似然函数 P（y | M）的估计方法，但这些方法对较高维的模型却难以实现。盖尔芬德和哈斯汀（Gelfand and Hastings）分别给出了基于 Gibbs 抽样和 Metropolis – Hastings（M – H）抽样（也称 M – H 算法）的计算方法，有效地解决了高维的情况。边际似然函数值的计算有三种情况：一是分析法计算；二是数值近似计算；三是模拟计算。分析法计算主要针对边际似然函数中的积分相对容易，可以通过解析和数值积分实现。对于相对

复杂的情况需要将似然函数在极大值点处使用泰勒展开式进行近似估计。对于特别复杂的情况，可以利用马尔科夫链蒙特卡罗（Markov Chain Monte Carlo，MCMC）方法。

（2）后验机会比与后验概率的计算。

利用上面的边际似然值，可以进一步计算后验机会比。利用后验机会比和 Jeffreys 判断标准，可对空间计量模型进行选择。

设存在 n 个候选模型 $M_i(i = 1, 2, \cdots, n)$，对应的参数向量为 $\theta_i(i = 1, 2, \cdots, n)$，则 M_i 为正确模型的概率为：

$$p(M_i|y) = \frac{p(y|M_1)p(M_i)}{p(y|M_1)p(M_1) + p(y|M_2)p(M_2) + \cdots + p(y|M_n)p(M_n)}$$

(10.23)

其中，$p(y|M_1)$ 就是前面的边际似然值；$p(M_i)$ 是模型 M_i 的先验概率，显然由式（10.23）有 $\sum_{i=1}^{n} p(M_i|y) = 1$，数据信息支持各个模型的程度，可用如下后验机会比表示为：

$$PO_{ij} = \frac{p(M_i|y)}{p(M_j|y)} = \frac{p(y|M_i)p(M_i)}{p(y|M_j)p(M_j)} = \frac{p(y|M_i)}{p(y|M_j)} \frac{p(M_i)}{p(M_j)} = BE_{ij} \times PR_{ij}$$

(10.24)

其中，BE_{ij} 为贝叶斯因子，PR_{ij} 为先验机会比。变形得：

$$BE_{ij} = PO_{ij}/PR_{ij} \qquad (10.25)$$

如果先验信息对模型没有偏好（$PR_{ij} = 1$），则模型的贝叶斯因子完全有后验机会的决定。

多个模型进行比较时，也可以通过后验机会比来计算后验概率，只需要将式 PO_{ij} 对应的式子右端取倒数展开后再取倒数便得：

$$p(M_i|y) = \frac{1}{PO_{1i} + PO_{2i} + \cdots + PO_{mi}} \qquad (10.26)$$

从以上推理可以看出，使用贝叶斯方法选择模型的关键就是计算各个模型的边际似然值，得到了边际似然值结合先验概率就可计算出后验概率、贝叶斯因子和后验机会比。

由于前面介绍的边际似然函数的计算在空间计量模型中存在较大困难，通常需要采用 MCMC（马尔科夫链蒙特卡罗）方法进行计算。

10.4 基于 MCMC 的空间计量模型选择方法

MCMC 方法本身是一种特殊的蒙特卡罗（Monte Carlo，MC）方法。

MC 方法是从给定的分布中抽样，而 MCMC 方法是利用给定的 MCMC 算法通过多次迭代形成平稳的马尔可夫链样本，以使用样本平均数来进行近似估算和统计推断的方法。对于积分运算来说，MCMC 本质上就是使用了马尔可夫链的蒙特卡罗模拟积分。而从随机过程的角度来说，MCMC 是将随机过程中的马尔可夫过程引入 MC 模拟中，以动态构造马尔可夫链为基础，通过遍历性约束来实现模拟目标分布的随机模拟方法。

当参数数目增多时，边际似然值、后验概率、贝叶斯因子、后验机会比等的计算会遇到积分困难的问题，而 MCMC 为解决此类问题提供了一种简单且行之有效的计算方法，从而为模型选择提供了重要的工具。

在贝叶斯分析中，应用最为广泛的 MCMC 方法主要有 Gibbs 抽样和 Metropolis – Hastings（M – H）抽样。Gibbs 抽样是由斯图尔特·杰曼和唐纳德·杰曼（Stuart Geman and Donald Geman，1984）在分析马尔科夫随机场（Markov random field，MRF）方法的研究中提出的。Gibbs 抽样的成功在于它利用满条件分布将多个相关参数的复杂问题转换为每次只需处理一个参数的简单问题。但是实际问题中，某些参数的分量的满条件分布会较难抽样，这时可以使用比 Gibbs 抽样更一般的 M – H 抽样（M – H 算法）。M – H 抽样是一类较为常用的 MCMC 方法，它由迈特罗波利斯等（Metropolis et al.）在 1953 年提出，1970 年哈斯汀（Hastings）对此进行了推广。MCMC 方法的核心就是要获得合适的马尔科夫链蒙特卡罗链，使其平稳分布就是待抽样的目标分布 [在贝叶斯分析中目标分布一般为后验分布 $\pi(\theta|x)$]，而 M – H 抽样就是用于产生所要 Markov 链的一种算法。

M – H 算法的 Markov 链产生过程如下。

①选择合适的建议分布 $q(\cdot|\theta^{(t)})$（与目标分布接近且易于抽样）。

②从某个分布中产生 $\theta^{(0)}$（通常直接给定）。

③重复下面过程，直到 Markov 链达到平稳状态。

从 $q(\cdot|\theta^{(t)})$ 中产生一个新状态 θ^*，计算接受概率 $\alpha(\theta^{(t)}, \theta^*) = \min\{\gamma(\theta^{(t)}, \theta^*), 1\}$，其中 $\gamma(\theta^{(t)}, \theta^*) = \dfrac{\pi(\theta^*|x)q(\theta^{(t)}|\theta^*)}{\pi(\theta^{(t)}|x)q(\theta^*|\theta^{(t)})}$；随机产生一个 $[0, 1]$ 上的均匀分布随机数 $\mu \sim U[0, 1]$，如果 $\mu \leqslant \alpha(\theta^{(t)}, \theta^*)$，则接受建议状态，Markov 链的状态变为 θ^*，否则拒绝建议状态，Markov 链的状态仍然停留在 $\theta^{(t)}$；增加 t，返回这一步的开始部分。

在接受概率的计算中只需知道目标分布 $\pi(\theta|x)$ 的核即可，正则化常数可以未知。从理论上讲，建议分布的选取是任意的，但在实际计算中，建议分布的选取对于计算效率影响很大。M – H 算法的关键是两个函数：$q(\cdot|\theta^{(t)})$ 决定怎样基于 $\theta^{(t)}$ 得到 θ^*；$\alpha(\theta^{(t)}, \theta^*)$ 决定得到的 θ^* 是否保留。

H 抽样的主要过程就是从建议分布中抽取一个候选值，并把候选值和当前值分别代入所要研究参数的条件分布函数的核，来计算一个接受概率，最后通过接受概率来决定是否由当前值转移到候选值的一个循环。在实际应用中，当参数数目增多时，边际似然值、后验概率、贝叶斯因子、后验机会比等的计算都会遇到积分困难的问题，而 MCMC 也为解决此类问题提供了一种简单且行之有效的计算方法。同时，MCMC 方法也可以用于估计复杂的计量模型，如带未知异方差的广义空间模型。

10.5 空间计量模型选择的模拟分析

由于仅从理论分析的角度并不能看出方法的优劣，下面使用模拟数据进行模拟分析。生成相对的小样本和大样本数据的空间加权矩阵，分别来源于安瑟林（Anselin）、勒沙杰（LeSage）、赫普（Hepple）等经常使用 49 阶和 3107 阶矩阵（分别为美国俄亥俄州的犯罪数据和 1980 年总统选举数据中的空间加权矩阵，详见 Anselin 的 *Spatial Econometrics：Methods and Models* 以及 Pace and Barry 的 *Quick computation of spatial autoregressive estimators*）。模拟数据的生成中放入了非显著变量作为干扰，自回归项系数 $\rho = 0.8$，误差自相关或误差移动平均的系数 $\lambda = 0.5$，解释变量和杜宾项系数都是全为 1 的向量。首先使用相对的小样本进行 Moran 指数、LM 检验和信息准则分析，然后分别使用相对的小样本和大样本进行 MCMC 方法的对比模拟分析。

（1）Moran 指数检验的模拟分析。

对由 49 阶邻接矩阵生成的 5 个空间模型 SAR、SEM、SARMA（spatial autoregressive moving average，空间自回归移动平均）、SDM、SAC 分别进行 Moran 指数检验得到如表 10 - 4 所示的结果。

表 10 - 4　　　　　　　　空间计量模型的 Moran 指数检验

项目	SAR	SEM	SARMA	SDM	SAC
Moran's I	0.466	0.208	- 0.000	0.456	0.170
标准化后的 I	5.945	2.8094	0.280	5.819	2.352
产值	0.000 ***	0.005 ***	0.780	0.000 ***	0.019 **
期望	- 0.023	- 0.023	- 0.023	- 0.023	- 0.023
标准差	0.082	0.082	0.082	0.082	0.082

注：** 、*** 表示在 5% 、1% 水平上显著。

从表 11 - 4 的 Moran 指数检验的 p 值可以看出，在 5% 的显著性水平下，SAR、SEM、SDM、SAC 生成数据模型均存在显著的空间相关性，但对于 SARMA 生成数据模型并没有给出正确的检验结果。同时 Moran 指数检验并不能区分存在空间相关的模型差异。

（2）基于 LM 检验的模型选择模拟分析。

使用 MATLAB 空间计量经济学工具箱提供的函数命令 "LMsarsem_panel. m"，一个模拟结果如表 10 - 5 所示。

表 10 - 5   LM 检验示例

LM 统计量	统计量的值	伴随概率
LM test no spatial lag, probability	8.8980	0.003
robust LM test no spatial lag, probability	3.7357	0.053
LM test no spatial error, probability	5.2062	0.023
robust LM test no spatial error, probability	0.0439	0.834

从检验结果来看，左边第一列标记出了 4 个 LM 统计量，第 1 个为 LM - Lag 统计量；第 2 个为 Robust LM - Lag 统计量；第 3 个为 LM - Error 统计量，第 4 个为 Robust LM - Error 统计量。

第二列是统计量相应的值，第三列则是相应的伴随概率。从第三列结果来看，第 1 个统计量（LM - Lag）和第 3 个统计量（LM - Error）的伴随概率都小于 0.05，也就是说，这 2 个统计量都在 5% 的显著性水平下拒绝了原假设。根据这两个统计量无法判断究竟选择空间滞后模型还是空间误差模型。

这时候需要借助稳健性的 LM 检验。第 2 个统计量（Robust LM - Lag）的伴随概率为 0.053，说明在大约 5% 的显著性水平下拒绝了原假设，即拒绝了"不是空间滞后模型"的原假设；而最后一个统计量（Robust LM - Error）的伴随概率为 0.834，说明在 10% 的显著性水平下无法拒绝"不是空间误差模型"的原假设。综合第 2 个和第 4 个统计量的检验结果来看，模型应该选择空间滞后模型。

LM 检验具有很大的局限性，只是针对 SAR 模型和 SEM 区分有效。

对 5 个空间模型 SAR、SEM、SARMA、SDM、SAC 的模拟数据进行 LM 检验可以得到表 10 - 6 的结果。

从表 10 - 6 可以看出当真实的生成数据过程为 SAR 模型时，LM - Error 统计量和 LM - Lag 统计量都显著，进一步进行 Robust LM - Error 检验和 Robust LM - Lag 检验时，发现 Robust LM - Erro 统计量不显著，而 Robust

LM - Lag 统计量非常显著，根据前面的理论介绍可推断真实的模型为 SAR 模型，与事实非常吻合。同理，根据书中所述的判别准则，当真实的生成数据过程为 SEM 时，LM 检验推断得到的模型也为 SEM，也与事实完全吻合。但是，当真实的数据生成过程为其他 3 个模型时，这 4 个统计量都无法给出正确的选择，例如，SDM 模型和 SAC 模型的 4 个统计量都显著，从而 LM 检验根本无法作出判断。这也说明了 LM 检验只是针对 SAR 模型和 SEM 模型区分有效，因此 LM 检验具有很大局限性。当 LM 检验无法给出判别时，部分学者通过比较哪类统计量更显著来选择模型，其实这时 LM 的检验结果提醒数据的真实生成过程可能为 SAR 模型与 SEM 模型之外的其他模型。

表 10 - 6   基于 LM 的空间计量模型检验的模拟结果

变量	值	SAR	SEM	SARMA	SDM	SAC
LM – Error	统计量	24.121	8.652	1.782	19.490	5.294
	p 值	0.000	0.003	0.182	0.000	0.021
LM – Lag	统计量	35.598	9.237	9.096	46.953	22.982
	p 值	0.000	0.002	0.003	0.000	0.000
Robust LM – Error	统计量	0.000	9.751	2.175	3.906	4.539
	p 值	0.998	0.002	0.140	0.048	0.033
Robust LM – Lag	统计量	13.379	0.050	16.560	31.543	21.242
	p 值	0.000	0.824	0.000	0.000	0.000

注：在 1% 的显著性水平下，$\chi^2(1)$ 临界值为 6.635，$\chi^2(2)$ 临界值为 9.210。

（3）基于信息准则的模型选择模拟分析。

对空间模型 SAR、SEM、SDM、SAC 的模拟数据，计算对数似然值和三个信息准则值可以得到如表 10 - 7 所示的结果。

表 10 - 7   空间计量模型的信息准则值模拟结果

变量	IC	SAR	SEM	SDM	SAC
SAR	AIC	87.3288	99.9272	88.5861	89.851
	BIC	93.0043	105.6027	96.1534	97.4183
	HQ	85.4055	98.0038	86.0216	87.2865
	ln (L)	– 40.6644	– 46.9636	– 40.2931	– 40.9255

续表

变量	IC	SAR	SEM	SDM	SAC
SEM	AIC	80.5087	74.3372	76.1325	81.5608
	BIC	86.1841	80.0126	83.6998	89.1281
	HQ	78.5853	72.4138	73.568	78.9963
	ln（Z.）	−37.2543	−34.1686	−34.0663	−36.7804
SDM	AIC	98.8296	124.0054	96.4888	82.4332
	BIC	104.5051	129.6809	104.056	90.0004
	HQ	96.9063	122.082	93.9243	79.8687
	ln（Z）	−46.4148	−59.0027	−44.2444	−37.2166
SAC	AIC	77.3734	92.3922	78.914	71.4536
	BIC	83.0488	98.0677	86.4813	79.0208
	HQ	75.45	90.4689	76.3495	68.8891
	ln（L）	−35.6867	−43.1961	−35.457	−31.7268

注：表中的左侧每行表示真实数据生成过程对应的模型，右侧每列表示实际所选择的模型，故对角线上的数据为真实的数据生成过程和实际选择的模型相同时得到的结果。

从表 10-7 的前 4 行可以看出，当真实的模型为 SAR 时，选择 SDM 进行估计得到的对数似然值却最大（−40.2931），同时采用 SAR、SDM 和 SAC 模型进行估计的对数似然值都只有微小的差异，即对数似然值最大原则在此由于缺少区分度，失去了模型选择的能力。当真实模型是 SAR、SEM、SAC 时，正确选择 SAR、SEM、SAC 模型进行分析，模型的 AIC、BIC 和 HQ 均为最小，即信息准则取得了较好的效果。但是，当真实模型是 SDM 时，错误地选择 SAC 模型，三个信息准则值均最小。因此信息准则值在此模型的选择上给出了误判，但是相对前面的模型选择方法来说，依然表现不错。

（4）基于 MCMC 的空间计量模型选择模拟分析。

真实模型是 FAR、SAR、SEM 和 SDM 时，利用和以上分析完全相同的生成数据，分别在相对 49 个样本和 3107 个样本的情况下，计算各种选择模型的后验概率，可以得到如表 10-8 所示的结果。

可以从表 10-8 看出，在 49 个样本情况下当真实模型是 FAR、SAR、SEM 和 SDM 时，正确选择它们的模型后验概率均比错误选择时的概率值大，如当真实的数据生成过程是 FAR 模型时，在 FAR、SAR、SEM、SDM 中使用 MCMC 方法选择 FAR 模型，计算得到的后验概率为 0.7007，与选择 SAR、SEM、SDM 的后验机会比分别为 72.99、2.65、27.92。这四种情况在 3107 个样本条件下正确选择真实模型的模型后验概率有进一步的提高，前面的后验机会分别变成了 204.71、2.70、47.77。显然 MCMC 算法在两种情况下均未出现误判，且在 3107 个样本情况下，能够根据后验概率作出准确的模型选择，效果很突出。

表 10-8　49 个样本和 3107 个样本下利用 MCMC 方法计算的各种选择模型的后验概率

变量	FAR		SAR		SEM		SDM	
FAR	0.701	0.717	0.000	0.000	0.000	0.000	0.000	0.000
SAR	0.010	0.004	0.946	0.982	0.008	0.000	0.000	0.000
SEM	0.265	0.265	0.000	0.000	0.775	0.885	0.000	0.000
SDM	0.025	0.015	0.054	0.018	0.217	0.116	1.000	1.000

注：表中的行表示实际所选择的模型，右侧每列表示真实数据生成过程对应的模型。表中每栏的第一列均对应 49 个样本的计算结果，第二列对应 3107 个样本的计算结果。

（5）基于 MCMC 的不同权重矩阵的模型选择模拟分析。

当选择了确定类型的空间计量模型之后，对于不同的空间加权矩阵的选择也是空间计量模型选择的一个重要方面。以 1~7 阶最近邻加权矩阵为例，各个模型的真实数据都由 4 阶最近邻空间加权矩阵生成。当各模型分别选择 1~7 阶来估计时，计算所选择的模型的后验概率如表 10-9 所示。

表 10-9　基于不同邻接矩阵的 49 个样本和 3107 个样本数据的 MCMC 方法的模拟结果

变量	FAR		SAR		SEM		SDM	
W1	0.000	0.000	0.000	0.000	0.001	0.000	0.000	0.000
W2	0.001	0.000	0.001	0.000	0.011	0.000	0.000	0.000
W3	0.001	0.000	0.201	0.000	0.110	0.000	0.000	0.000
W4	0.598	1.000	0.605	1.000	0.422	1.000	0.999	1.000
W5	0.114	0.000	0.149	0.000	0.355	0.000	0.000	0.000
W6	0.195	0.000	0.033	0.000	0.064	0.000	0.000	0.000
W7	0.092	0.000	0.011	0.000	0.038	0.000	0.000	0.000

注：表中每栏的第一列均对应 49 个样本的计算结果，第二列对应 3107 个样本的计算结果。

从表 10-9 可以看出，在 49 个样本条件下，SAR、SEM、SDM、SAC 模型选择 4 阶最近邻空间加权矩阵时得到的模型后验概率最大。但是当阶数与 4 接近时，SAR、SEM、SAC 三个模型得到的模型后验概率也比较大，如当真实模型数据由 4 阶最近邻的 SEM 生成的时候，选择 3 阶最近邻的 SEM 进行估计的模型后验概率达到了 0.3550，与真实模型的后验概率 0.4217 仅相差 0.0667。但是总体上，选择真实模型估计的模型后验概率均是最大的，与实际完全符合。特别是在大样本的情况下，使用 MCMC 方法估计真实数据生成的模型的后验概率均接近于 1，其他情况均接近于 0。从而可以看出，在较大的样本情况下 MCMC 方法在基于不同阶空间邻接矩阵的空间计量模型选择上也具有较高效度。

从以上全部模拟结果来看，基于 OLS 残差与似然函数值的模型选择方法，均存在一定的局限性。在非 MCMC 的方法中信息准则总的来说基本有效，而 MCMC 方法在给定恰当 M－H 算法的条件下具有更高效度，特别是对于大样本的空间计量的选择来说具有绝对的优势。

第 11 章
基本空间模型

将要介绍的空间计量模型大致可以分为两大类。第一大类介绍的是解决空间依赖性的模型，包括常见的七种空间计量模型，分别是空间滞后模型、空间误差模型、空间杜宾模型、空间杜宾误差模型、自变量空间滞后模型、SAC 空间模型和通用嵌套空间模型。第二大类介绍的是解决空间异质性的模型，主要是空间扩展模型和地理加权回归模型。

11.1 空间滞后模型和空间误差模型

两个最为常见的空间计量模型：空间滞后模型和空间误差模型。

11.1.1 空间滞后模型理论

最简单的空间自回归模型（the first-order spatial autoregressive model，FAR 模型），模型设定如下所示：

$$y = \rho Wy + \varepsilon \tag{11.1}$$

其中，y 表示 $n \times 1$ 的因变量；ρ 表示因变量空间滞后项的待估计参数，被称为空间自回归系数；W 表示 $n \times n$ 的空间权重矩阵；ε 表示 $n \times 1$ 的随机误差项。

通过添加外生解释变量来扩展一阶空间自回归模型就可以得到空间滞后模型。空间计量模型最经典的模型就是空间滞后模型。空间滞后模型（spatial lag model，SLM）也称为空间自回归模型（spatial autoregressive model，SAR），模型如下所示：

$$y = \rho Wy + X\beta + \varepsilon \tag{11.2}$$

其中，X 表示 n×k 的自变量；β 表示 k×1 的待估计自变量系数。

空间滞后模型在实证分析中得到了广泛的应用。例如，可以用于空间知识溢出、技术扩散、区域间互相竞争等实证研究。

实际上，空间滞后模型的应用是非常受限的，在使用上不如空间误差模型广泛（Anselin，1988）。这是因为，若要在回归方程中添加因变量的空间滞后项，即估计空间滞后模型，不仅需要 LM 检验结果的支持，更重要的是需要合理的理论基础来支持模型设定。在很多情况下，尽管因变量的空间自相关可能显著，但是缺乏理论基础。因此，在这种情况下，应该考虑误差项中的空间自相关。这是由于在模型设定中不可能列出所有的外生解释变量，因此误差项中包含了这些未能列入的外生变量。误差项中有极大的可能性包含着空间依赖性，所以在模型中必须考虑误差项的空间依赖性。

对于空间滞后模型的回归估计，MATLAB 空间计量经济学工具箱提供的函数命令是"sar. m"。"sar. m" 函数命令的调用方式如下所示：

$$results = sar(y, x, W, info)$$

"results" 为输出的结果，"sar" 为函数命令名，括号内的"y"是因变量，"W"为空间权重矩阵。

"info" 是一个重要的参数，在其他空间计量模型的函数命令中也含有这个输入参数。

①Info. rmin：可选项，设定搜索时 ρ 的最小值。

②Info. rmax：可选项，设定搜索时 ρ 的最大值。

③info. convg：可选项，收敛的标准（默认为 le—8）。

④info. maxit：最大迭代次数（默认为 500 次）。

⑤info. lflag：这个参数包含 3 个选项；其中 info. lflag = 0 表示完全计算，得到精确的结果；info. lflag = 1 表示得到佩斯和巴里（Pace and Barry，1999）的蒙特卡洛近似值（MC approximation），当样本量或者说空间单元数量巨大的时候，选用这个参数，并且该参数也是默认值；info. lflag = 2 表示得到佩斯和巴里（1999）的样条近似值（spline approximation）（计算速度较快）。

①info. order：使用选项"info. lflag = 1"的次序（默认为 50）。

②info. iter：使用选项"info. lflag = 1"的迭代次数（默认为 30）。

③info. lndet：由函数命令"sar""sar_g""sarp_g"等返回的一个特殊矩阵，用于节约计算时间。（可忽略此项）

注意：本书最关注的选项是"info. lflag"，在后面的演示中，该选项全部被设定为"info. lflag = 0"。这是由于本例使用的数据样本较少，计算量很小。

inf 参数在"sar. m"函数命令里还有两个选项，如下所示（这两个选项不是本书关注的重点，因此可以忽略）：

info. eig：当 info. eig = 0 时，默认 rmin = −1，rmax = 1，当 info. eig = 1 时，它用于特征根的计算。

Info. ndraw：抽样次数（默认为 1000 次）。

11.1.2 空间误差模型理论

空间误差模型由两个方程构成，所示如下：

$$y = X\beta + \varepsilon$$
$$\varepsilon = \lambda W\varepsilon + v$$

（11.3）

其中，λ 表示待估计误差项空间滞后系数，称为空间自相关系数。其他系数意义与 SAR 模型相同。

从空间误差模型的第二个方程来看，ε 可以被两部分解释，第一部分 $\lambda W\varepsilon$ 为空间自相关误差项。因此，空间误差模型的第二个方程可以解释为，在所有没有包含在模型中的外生变量信息中存在空间依赖性。很显然，空间依赖性也不能解释所有的空间自相关的误差项，因此需要引入一个称为特质的成分 v。实际上，v 可以看作是误差项的误差项，可通过这两部分来解释 ε。

由此可见，空间误差模型包含 2 个误差项的概念。其中，第一个误差项 ε 是传统意义上的误差项。由于统计误差也可能是造成空间依赖性的来源之一，因此，模型中的空间自相关误差项有可能显著，这也是添加空间自相关误差项的理论基础。第二个误差项与传统上的误差项不同，但是，由模型设定的原理可知，v 包含着 $\lambda W\varepsilon$ 未能解释 ε 的因素。空间误差模型建模不需要空间交互过程的理论模型，这也是空间误差模型的优点之一。

对于空间误差模型的回归估计，MATLAB 空间计量经济学工具箱提供的函数命令是"sem. m"。"sem. m"函数命令的调用方式如下所示：

results = sem(y，x，W，info)

"sem. m"函数命令的调用方式与"sar. m"十分类似，唯一的区别在于函数名不同，"sem. m"函数命令中的参数与"sar. m"函数命令中的完全一致，故此不再赘述。

11.1.3 模型的估计方法

空间计量模型不能采用 OLS 方法进行估计。以空间滞后模型为例，如果坚持采用 OLS 估计方法，那么会得出有偏而且不一致的估计量。空间误差模型也是如此。就目前来说，空间计量模型回归估计的方法大致有如下 3 种类型：

①极大似然估计（maximum likelihood，ML）和伪极大似然估计（quasi-maxi mum likelihood，QML）。极大似然估计是由奥德（1975）提出的，并且在安瑟林的推广下得到了广泛的应用，目前已成为空间计量模型最流行的估计方法。伪极大似然估计是由李和刘（Lee and Liu，2010）提出的一种估计方法。这种方法的一个最大的好处就是在估计的时候不需要残差 ε 满足正态性假设。QML 方法用于空间面板数据模型的估计。

②工具变量法（instrumental variable，IV）和广义矩估计方法（generalized method of moments，GMM）。工具变量法是由安瑟林（1988）在他的经典著作中提出来的，但是并未得到广泛的应用。广义矩估计是由凯莱健和普鲁查（Kelejian and Prucha，1999）提出来的。工具变量法和广义矩估计与伪极大似然估计类似，在估计的时候不需要残差 ε 满足正态性的假设。但是，这三种方法有一个显著的缺点，就是估计的系数有可能超出参数的范围，比如估计出的 ρ 有可能大于 1。LeSage 在 MATLAB 空间计量经济学工具箱中提供了 GMM 方法。函数命名的规则为"函数命令_gmm. m"。以空间滞后模型的估计函数命令为例，GMM 方法的函数命令为"sar_gmm. m"。

③贝叶斯马尔科夫链蒙特卡罗方法（Bayesian Markov chain Monte Carlo，BMCMC）。贝叶斯马尔科夫链蒙特卡罗方法是由勒沙杰（LeSage，1997）提出来的，这种方法在某些情况下是适用的。勒沙杰在 MATLAB 空间计量经济学工具箱中提供了贝叶斯估计方法。函数命名的规则为"函数命令_g. m"。如空间滞后模型估计的贝叶斯方法的函数命令为"sar_g. m"。

11.2 空间杜宾模型和空间杜宾误差模型

11.2.1 空间杜宾模型

空间滞后模型添加自变量的空间滞后项就衍生出空间杜宾模型（LeSage and Pace，2009）。埃尔霍斯特（Elhorst，2010a）对空间杜宾模型给予了很高的评价。他认为空间杜宾模型有至少两个优点：其一，在实证分析中即便是采用了空间杜宾模型，但是数据生成过程应该为空间滞后模型或者空间误差模型，那么空间杜宾模型也不会产生有偏的估计系数；其二，空间杜宾模型并没有对潜在自变量的空间交互效应强加一些先验的约束条件。对于模型中的自变量来说，都可以考虑添加对应的空间滞后项，无须考虑约束条件。如果在统计上显著的话，那么这表明该自变量存在明显的空间交互效应；如果在统计上不显著的话，那么可以在模型中剔除该自变量的空间滞后项。空间杜宾模型如下所示：

$$y = \rho Wy + X\beta + WX\theta + \varepsilon \qquad (11.4)$$

其中，θ 表示 $k \times 1$ 的待估计自变量空间滞后项系数。其他系数意义与 SAR 模型相同。

空间杜宾模型与空间滞后模型相比只是多了自变量空间滞后项 WX，因此，空间杜宾模型的估计方法与空间滞后模型极为相似。简单地说，将自变量空间滞后项 WX 看作另一种形式的自变量即可。

如果实证分析采用了空间滞后模型，则最好扩展为空间杜宾模型。但是，空间杜宾模型也并非没有缺点。经验表明，通常该模型需要大的样本量才能得到显著的自变量空间滞后项，以及相应的间接效应。这也是实证分析中阻碍空间杜宾模型广泛应用的重要障碍之一（Elhorst，2014）。

对于空间杜宾模型的回归估计，MATLAB 空间计量经济学工具箱提供的函数命令是"sdm. m"。"sdm. m"函数命令的调用方式如下所示：

$$results = sdm(y, x, W, info) \qquad (11.5)$$

"sdm. m"函数命令的调用方式与"sar. m"十分类似，唯一的区别在于函数名不同。它的参数与"sar. m"函数中的完全一致，故此不再赘述，也可以使用 sar 命令来进行估计。

11.2.2 空间杜宾误差模型

空间误差模型添加自变量的空间滞后项就衍生出空间杜宾模型。模型表示：

$$\begin{aligned} y &= X\beta + WX\theta + \varepsilon \\ \varepsilon &= \lambda W\varepsilon + v \end{aligned} \qquad (11.6)$$

空间杜宾误差模型仅仅比空间误差模型多添加了自变量空间误差项 WX，空间杜宾误差模型的估计方法与空间误差模型极为相似。通俗来说，将自变量空间滞后项 WX 看作另一种形式的自变量即可。

在实证分析中，空间杜宾误差模型极少得到应用（Elhorst，2010a），但是这并非意味着空间杜宾误差模型没有应用价值。实际上，正如安瑟林（1988）所说，空间误差模型的应用范围理论上比空间滞后模型要广泛。同理，空间杜宾误差模型在实证分析上也极有应用价值。这是因为，空间杜宾误差模型不仅可以囊括想要检验的感兴趣的外生变量的空间交互效应，同时也考虑到了误差项中的空间依赖性问题。

另外，空间杜宾误差模型在应用上较空间杜宾模型有一个明显的优点，那就是空间杜宾误差模型的系数可以像 OLS 模型回归后的系数一样被直接解释，而空间杜宾模型的系数不可以被直接解释。这是由于空间杜宾模型包含因变量的空间滞后项，因此外生变量 X 的系数和其空间滞后项 WX 的系数不能被直接解释，而是需要计算直接效应和间接效应（LeSage and Pace，2009）。然而，空间杜宾误差模型的回归系数则可以被直接解释。

对于空间杜宾误差模型的回归估计，空间计量经济学工具箱中并没有直接给出函数命令。通过上述利用函数命令"sar. m"来估计空间杜宾模型可知，空间杜宾误差模型可以通过函数命令"sem. m"来实现，只需要添加生成自变量空间滞后项的代码即可实现。

11.3 自变量空间滞后模型

在空间杜宾模型和空间杜宾误差模型中着重讨论了自变量空间滞后项 WX 的问题，换言之，讨论的是外生变量的空间交互效应。在空间计量模型中，如果外生因素的空间交互效应存在这种空间交互影响的话，那么应该着重考虑这个空间交互效应。实际上，这个外生的空间交互效应也就是经济学理论中的外部性（externalities）。如果这种外部性的直接作用很明显，那么可以在模型中直接考虑外生变量的空间交互效应，这就衍生出一种新的空间计量模型：自变量空间滞后模型。勒沙杰和佩斯（LeSage and Pace，2009）将其命名为自变量空间滞后模型（spatial lag of X model，SLX 模型）。

$$y = X\beta + WX\theta + \varepsilon \tag{11.7}$$

系数意义与前述相同。

自变量空间滞后模型只是包含自变量 X 和自变量空间滞后项 WX，直接采用 OLS 方法回归即可。

尽管在某些情况下，因变量空间自相关可能缺乏理论基础，但是因变量的部分空间依赖性可以通过某些外生变量的空间交互效应来弥补。还有就是外部性问题也是自变量空间滞后模型的理论基础。

如果自变量空间滞后模型的 LM - Lag 和 LM - Error 两个统计量均十分显著，但是 Robust LM - Lag 和 Robust LM - Error 两个统计量均不显著。在这种情况下，安瑟林推荐的分析流程图不再适用。如果统计量 LM - Lag 大于 LM - Error，说明拉格朗日乘子检验结果建议在模型中添加因变量空间滞后项。由此，又产生了一种新的空间计量模型的设定方法，即空间杜宾模型。反之则相反。

11.4　一般的空间模型及其扩展

11.4.1　一般的空间模型

内生性的空间交互效应和误差项之间的空间交互效应的组合也会产生一种新的空间计量模型，即 SAC 模型（Kelejian and Prucha，1999；Harry Kele-jian，2007；LeSage and Pace，2009）。SAC 空间模型如下所示：

$$y = \rho Wy + X\beta + \varepsilon$$
$$\varepsilon = \lambda W\varepsilon + v \tag{11.8}$$

系数意义与前述相同。

SAC 空间模型包含两部分，每一部分都包含空间权重矩阵。上式假设两个空间权重矩阵是一样的。然而，SAC 空间模型也可以假设两个空间权重矩阵是不一样的，那么 SAC 空间模型可以如下所示：

$$y = \rho W_1 y + X\beta + \varepsilon$$
$$\varepsilon = \lambda W_2 \varepsilon + v \tag{11.9}$$

其中，W_1 和 W_2 分别表示不同的空间权重矩阵。

SAC 空间模型结合了空间滞后模型和空间误差模型的双重特征。空间依赖性一部分由因变量的空间滞后项所解释，一部分由空间自相关误差项所解释。这个空间模型有一定的适用性，但是很显然，在实证研究中并没有得到广泛的应用。

对于 SAC 空间模型的回归估计，MATLAB 空间计量经济学工具箱提供的函数命令是"sac. m"。"sac. m"函数命令的调用方式如下所示：

$$\text{results} = \text{sac}(y,\ x,\ W_1,\ W_2,\ \text{info}) \tag{11.10}$$

"sac. m"函数命令的调用方式与"sar. m"和"sem. m"的调用方式也十分类似，但是略有不同。由于 SAC 空间模型包含两个空间权重矩阵，因此，在"sac. m"函数命令的输入参数中也可以设置两个不同的空间权重矩阵参数。

info 参数相比函数命令"sar. m"又多了 4 个选项，如下所示：

①info. parm：可选项，设定搜索参数 ρ 和 λ 的初始值；

②info. lmin：可选项，设定搜索参数 λ 的最小值（默认值为 – 0.99）；

③info. lmax：可选项，设定搜索参数 λ 的最大值（默认值为 0.99）；

④info. hessian：当 n < 500 时，选择 info. hessian = 0（默认值），计算分析型 Hessian 矩阵；当 n > 500 时，选择 info. hessian = 1，计算数值型 Hessian 矩阵。

11.4.2 SARMA

沿着 SAC 空间模型的思路可以继续扩展模型。借鉴时间序列数据中的自回归移动平均模型 ARMA（p，q）（autoregressive moving average），也可以引申出空间自回归移动平均模型（spatial autoregressive moving average model，SARMA）或包含自回归扰动项的空间自回归模型（spatial autoregressive model with autoregressive disturbances）（Huang，1984），如下所示：

$$y = \rho_1 W_1 y + \rho_2 W_2 y + \cdots + \rho_p W_p y + X\beta + \varepsilon$$
$$\varepsilon = \varphi_1 W_1 \varepsilon + \varphi_1 W_1 \varepsilon + \cdots + \varphi_1 W_1 \varepsilon + v \qquad (11.11)$$

式（11.11）的形式看起来非常复杂，而黄（Huang，1984）给出了空间自回归移动平均模型的矩阵形式：

$$AY = \alpha + B\varepsilon \qquad (11.12)$$

其中，$A = I - \sum_{j=1}^{p} \rho W^j$，$B = I + \sum_{j=1}^{q} \varphi W^j$。

通过上述介绍可知，SAC 空间模型可以写为 SARMA（1，1）的形式。

11.5 通用嵌套空间模型

SAC 空间模型如果考虑外生性的空间交互效应，就衍生出了一种新的空间计量模型，也是最一般的空间模型（Manski，1993），埃尔霍斯特（Elhorst，2014）在他的新书中又称之为通用嵌套空间模型（general nesting spatial model，GNS 模型）。

通用嵌套空间模型如下所示：

$$y = \rho Wy + X\beta + WX\theta + \varepsilon$$
$$\varepsilon = \lambda W\varepsilon + v \qquad (11.13)$$

同样的道理，也可以设置 3 种不同的空间权重矩阵，那么通用嵌套空间模型如下所示：

$$y = \rho W_1 y + X\beta + W_2 X\theta + \varepsilon$$
$$\varepsilon = \lambda W_3 \varepsilon + v \qquad (11.14)$$

由于通用嵌套空间模型相比 SAC 空间模型只是多了自变量空间滞后项 WX，但使用函数命令"sac. m"来估计通用嵌套空间模型得出的是有偏误的估计值。针对这个问题，埃尔霍斯特又编写了估计通用空间模型的新的函数命令文件："sacpaul. m"。调用方式如下所示：

$$results = sacpaul(y, x, W) \tag{11.15}$$

函数命令"sacpaul. m"只能使用一种空间权重矩阵。

埃尔霍斯特（2010a）指出，通用嵌套空间模型的回归估计在技术上没有任何难度，然而问题在于这个空间计量模型很难解释。在实证分析中，极少见其应用。因此，可以认为一般嵌套空间模型仅仅是理论上存在的最通用的空间计量模型。

第 12 章
直接效应和间接效应

如果模型中包含因变量 y 的空间滞后项，则模型估计出来的自变量 X 的系数并不是对因变量 y 的真实效应。真实效应被勒沙杰和佩斯（LeSage and Pace，2009）分解为直接效应（direct effects）和间接效应（indirect effects）。其中，直接效应是本地区外生变量的影响，间接效应是周围地区外生变量的影响。目前在实证分析中已经得到了很广泛的认可。

12.1 以空间杜宾模型为例

为了方便说明这个问题，以空间杜宾模型为例来进行解释，空间杜宾模型如下所示：

$$y = \rho W y + X\beta + WX\theta + \varepsilon \qquad (12.1)$$

将方程右边的 $\rho W y$ 移动到方程的左边，可以得到如下结果：

$$(I - \rho W)y = (X\beta + WX\theta) + \varepsilon \qquad (12.2)$$

方程两边同乘以矩阵 $(I - \rho W)$ 的逆矩阵 $(I - \rho W)^{-1}$，可以得到如下结果：

$$y = (I - \rho W)^{-1}(X\beta + WX\theta) + (I - \rho W)^{-1}\varepsilon \qquad (12.3)$$

其中，方程中的 $(I - \rho W)^{-1}$ 被称作空间乘子矩阵（spatial multiplier matrix）。

那么，y 对 k 个自变量 x 的偏导数是很容易得到式（12.4）：

$$\left[\frac{\partial y}{\partial x_{1k}}, \cdots, \frac{\partial}{\partial_{nk}}\right] = \begin{bmatrix} \frac{\partial y_1}{\partial x_{1k}} & \cdots & \frac{\partial y_1}{\partial x_{nk}} \\ \vdots & \ddots & \vdots \\ \frac{\partial y_n}{\partial x_{1k}} & \cdots & \frac{\partial y_n}{\partial x_{nk}} \end{bmatrix}$$

$$= (I - \rho W)^{-1} \begin{bmatrix} \beta_k & w_{12}\theta_k & \cdots & w_{1n}\theta_k \\ w_{21}\theta_k & \beta_k & \cdots & w_{2n}\theta_k \\ \vdots & \vdots & \ddots & \vdots \\ w_{n1}\theta_k & w_{n2}\theta_k & \cdots & \beta_k \end{bmatrix} \tag{12.4}$$

w_{ij}表示空间权重矩阵 W 的元素。

12.2　一个具体的特例

式（12.4）的表达非常复杂，理解起来有点困难。不失一般性，为了说明问题，埃尔霍斯特（Elhorst，2010a）举了一个特例。假设分析中一共有 3 个空间单元：空间单元 1、空间单元 2 和空间单元 3。其中，空间单元 1 与空间单元 2 互邻；空间单元 2 与空间单元 1 和空间单元 3 互邻；空间单元 2 与空间单元 3 互邻。那么，这个空间权重矩阵经过行标准化后可以写成如下形式：

$$W = \begin{bmatrix} 0 & 1 & 0 \\ w_{21} & 0 & w_{23} \\ 0 & 1 & 0 \end{bmatrix} \tag{12.5}$$

空间乘子矩阵可以写成如下形式：

$$(I - \rho W)^{-1} = \frac{1}{1 - \rho^2} \begin{bmatrix} 1 - w_{23}\rho^2 & \rho & \rho^2 w_{23} \\ \rho w_{21} & 1 & \rho w_{23} \\ \rho^2 w_{21} & \rho & 1 - w_{21}\rho^2 \end{bmatrix} \tag{12.6}$$

在式（12.6）中，由于空间单元 1 和空间单元 3 只有一个邻居，因此，$w_{12} = w_{32} = 1$。经过行标准化，所以 $w_{21} + w_{23} = 1$。

将式（12.6）代入式（12.4）中，那么空间单元 1、2、3 的自变量 x 对空间单元 1、2、3 的因变量 y 的影响如下所示：

$$\left[\frac{\partial y}{\partial x_{1k}}, \frac{\partial y}{\partial x_{2k}}, \frac{\partial y}{\partial x_{3k}} \right] = \frac{1}{1 - \rho^2} \begin{bmatrix} 1 - w_{23}\rho^2 & \rho & \rho^2 w_{23} \\ \rho w_{21} & 1 & \rho w_{23} \\ \rho^2 w_{21} & \rho & 1 - w_{21}\rho^2 \end{bmatrix} \tag{12.7}$$

式（12.7）描述了空间杜宾模型中因变量 y 对 k 个自变量 X 的偏导数。这个偏导结果包含了三层含义。

第一层含义，如果一个空间单元的自变量发生变化，不仅会影响到本地因变量，而且也会影响到其他（或者说邻近）空间单元的因变量。自变量对本地的影响称为直接效应（direct effects），自变量对其他空间单元的影响称为间接效应（indirect effects）。

注意：偏导矩阵式（12.7）中的对角线元素表示的是直接效应；非对角线元素表示的是间接效应。如果空间自回归系数 ρ 和自变量空间滞后项系数 θ_k 同时等于 0，那么间接效应不存在，这是因为所有的非对角线元素均为 0。

第二层含义，假设 ρ ≠ 0，对于不同的空间单元，直接效应和间接效应是不同的。直接效应不同是因为空间乘子矩阵 $(I - \rho W)^{-1}$ 中的对角线元素对于不同的空间单元来说是不同的。同样的道理，假设在 ρ ≠ 0 和/或 $\theta_k \neq 0$ 的情况下，间接效应不同是因为空间乘子矩阵 $(I - \rho W)^{-1}$ 以及空间权重矩阵 W 中的非对角线元素对于不同的空间单元来说也是不同的。

第三层含义，如果 $\theta_k \neq 0$，间接效应可以看作局域效应（local effects），相应地，如果 ρ ≠ 0，间接效应可以看作全域效应（global effects）。之所以称之为局域效应，是因为这种影响只是来自一个空间单元的邻近空间单元。具体来说，如果空间权重矩阵的元素不等于 0，那么自变量 x 对因变量 y 的影响也不为 0，反之，如果空间权重矩阵的元素等于 0，那么自变量 x 对因变量 y 的影响也为 0。之所以称之为全域效应，是因为这种影响来自一个空间单元的非邻近空间单元。这是因为这种影响是基于空间乘子矩阵 $(I - \rho W)^{-1}$ 所得，而并非基于空间权重矩阵 W。从式（12.6）可以看出，如果 ρ ≠ 0，那么空间乘子矩阵 $(I - \rho W)^{-1}$ 并不包含非零元素。

12.3　对间接效应和直接效应的解释

对于不同的空间单元来说，直接效应和间接效应是不同的。比如说，对于一个有 n 个空间单元、k 个自变量的样本来说，可以得到 k 个 n×n 的直接效应和间接效应。即便是对于 n 和 k 较小的样本来说，计算出直接效应和间接效应也是不现实的。为了解决这个问题，勒沙杰和佩斯（LeSage and Pace，2009）建议用式（12.4）右边矩阵中的对角线元素的平均值来衡量直接效应，用式（12.4）右边矩阵中的非对角线元素的行或者列的平均值来衡量间接效应。用行或者列的平均值来衡量间接效应在数值大小上是一样的，无论采用哪个都是可行的。

以上述 3 个空间单元的样本为例，那么空间杜宾模型的直接效应和间接效应按照式（12.6）就可以得到。直接效应如下所示：

$$\frac{3-\rho^2}{3(1-\rho^2)}\beta_k + \frac{2\rho}{3(1-\rho^2)}\theta_k \qquad (12.8)$$

间接效应如下所示：

$$\frac{3\rho+\rho^2}{3(1-\rho^2)}\beta_k + \frac{3+\rho}{3(1-\rho^2)}\theta_k \qquad (12.9)$$

同样的道理，以 3 个空间单元的样本为例，上述 7 种空间计量模型和 OLS 模型的直接效应和间接效应都可以得到，如表 12-1 所示。

表 12-1　　　　　　　　3 个空间单元特例的直接效应和间接效应

模型类型	直接效应	间接效应
OLS/SEM	β_k	0
SAR/SAC	$\dfrac{3-\rho^2}{3(1-\rho^2)}\beta_k$	$\dfrac{3\rho+\rho^2}{3(1-\rho^2)}\beta_k$
SLX/SDEM	β_k	θ_k
SDM/GNS	$\dfrac{3-\rho^2}{3(1-\rho^2)}\beta_k + \dfrac{2\rho}{3(1-\rho^2)}\theta_k$	$\dfrac{3\rho+\rho^2}{3(1-\rho^2)}\beta_k + \dfrac{3+\rho}{3(1-\rho^2)}\theta_k$

12.4　直接效应和间接效应的性质

由偏导的数学知识可知，对于 OLS 模型来说，自变量 X_k 的直接效应就等于自变量的系数 β_k，而自变量的间接效应等于 0。

对于空间误差模型来说，模型的第二部分包含空间自相关误差项。由偏导理论可知，由于空间自相关误差项在对因变量 y 求 X 偏导时并不起作用，所以空间误差模型自变量的直接效应和间接效应同 OLS 模型是一致的，即自变量 x_k 的直接效应等于自变量的系数 β_k，而间接效应等于 0。

空间滞后模型与空间杜宾模型、SAC 空间模型和通用嵌套空间模型又归属为一类，需要利用式（12.4）来计算直接效应和间接效应。由模型设定可知，空间滞后模型与 SAC 空间模型的直接效应和间接效应的公式是一致的，而空间杜宾模型与通用嵌套空间模型的直接效应和间接效应是一致的。

特别需要注意的是，自变量空间滞后模型和空间杜宾误差模型的直接效应和间接效应与上述皆不同。由偏导理论可知，自变量空间滞后模型和空间杜宾误差模型自变量 X_k 的直接效应就等于自变量的系数 β_k，而间接效应等于自变量空间滞后项 Wx_k 的系数 θ_k。由此可见，对于自变量空间滞后模型和空间杜宾误差模型来说，可以直接利用估计出的系数来作为直接效应和间接效应。

下面就总结 OLS 模型和 7 种空间计量模型的直接效应和间接效应。需要计算直接效应和间接效应的模型有 4 种：空间滞后模型、空间杜宾模型、SAC 空间模型和通用嵌套空间模型；不需要计算直接效应和间接效应的模型有 4 种：普通最小二乘模型、空间误差模型、空间杜宾误差模型和自变量空间滞后模型。

那么，可以总结上述 8 种模型的直接效应和间接效应的形式（见表 12－2）。

表 12－2　　　　　　　　　8 种模型的直接效应和间接效应

模型类型	直接效应	间接效应
OLS/SEM	β_k	0
SAR/SAC	$(I-\rho W)^{-1}\beta_k$ 对角线元素	$(I-\rho W)^{-1}\beta_k$ 非对角线元素
SLX/SDEM	β_k	θ_k
SDM/GNS	$(I-\rho W)^{-1}(\beta_k+W\theta_k)$ 对角线元素	$(I-\rho W)^{-1}(\beta_k+W\theta_k)$ 非对角线元素

通过上述公式的计算可以发现，在某些情况下，直接效应的数值会大于 1。直接效应大于等于 1 主要是由空间乘子矩阵 $(I-\rho W)^{-1}$ 所导致的。空间乘子矩阵可以分解成如下形式（LeSage and Pace，2009）：

$$(I-\rho W)^{-1}=I+\rho W+\rho^2 W^2+\rho^3 W^3+\cdots \qquad (12.10)$$

这个空间乘子矩阵的扩展形式有助于理解直接效应和间接效应。首先看公式等号右边的第一个矩阵，也就是单位矩阵 I，由于单位矩阵 I 的非对角线元素均为 0，所以这项就只是表示自变量 X 的直接效应。再来看公式等号右边的第二个矩阵 ρW，由于空间权重矩阵 W 的对角线元素均为 0，所以矩阵 ρW 的对角线元素也都为 0，所以这项就只是表示自变量 X 的间接效应。

由于存在直接效应和间接效应，那么在模型之间比较系数的时候，解释起来就变得很复杂。比如说，空间杜宾模型的直接效应与 OLS 模型的直接效应相比就有两点不同：第一，OLS 模型的自变量 x_k 的直接效应就等于自变量的系数 β_k，而空间杜宾模型的自变量 x_k 的直接效应就等于自变量的系数 β_k 乘以一个数，这就导致了直接效应将大于等于 1。以 3 个空间单元的样本为例，这个数就等于表 12－1 中的 $(3-\rho^2)/[3(1-\rho^2)]$。第二，OLS 模型自变量的间接效应等于 0，而空间杜宾模型的间接效应很显然不等于 0。如果选取的空间权重矩阵是一阶的，间接效应的计算就只考虑一阶的情况。

　　沿着这个思路继续，式（12.10）等号右边的其他项则表示二阶、三阶和更高阶的直接效应和间接效应。但是必须注意的是，在计算高阶间接效应时会产生回馈效应（feedback effects），具体来说，就是间接效应的影响从空间单元 i 的邻居又回到空间单元 i 本身。举例来说，1→2→1 或者 1→2→3→2→1。必须注意的是：若产生了回馈效应，那么总效应最终会变大。

　　就直接效应和间接效应而言，空间滞后模型存在一个非常严重的限制（Elhorst，2010a），这就是对于空间滞后模型中的某个自变量 x_k 来说，直接效应和间接效应的比值与自变量 x_k 的系数 β_k 无关。例如，以 3 个空间单元的样本为例，如表 12 - 1 所示，可以得知：

$$\left[\frac{3-\rho^2}{3(1-\rho^2)}\beta_k\right] \Big/ \left[\frac{3\rho+\rho^2}{3(1-\rho^2)}\beta_k\right] = \frac{3-\rho^2}{3\rho+\rho^2} \qquad (12.11)$$

　　这就表明对于空间滞后模型来说，任何一个自变量的直接效应和间接效应比值都是一致的。而这个比值的大小只依赖于空间自回归系数 ρ 和空间权重矩阵 W。

　　空间杜宾模型中的某个自变量 x_k 的直接效应和间接效应的比值不仅依赖于空间自回归系数 ρ 和空间权重矩阵 W，还依赖于自变量 x_k 的空间滞后项 Wx_k 的估计系数。比如，以 3 个空间单元的样本为例，如表 12 - 1 所示，可以得知对于不同的自变量来说，直接效应和间接效应的比值都是不相同的。并且，不存在任何前提约束条件。正是由于这个性质，所以空间杜宾模型要比空间滞后模型在实证分析中更为优越。勒沙杰和埃尔霍斯特（LeSage and Elhorst，2009）都非常推荐在实证分析中考虑空间杜宾模型。

　　用计算出的间接效应来检验是否存在空间交互效应，那么计算出的空间交互效应是否在统计上显著，也还需要统计检验。

12.5　软件实现

　　勒沙杰和佩斯（LeSage and Pace，2009）极力倡导计算自变量的直接效应和间接效应，而不是直接采用回归的结果。因此，勒沙杰和佩斯（LeSage and Pace，2009）编写的 MATLAB 空间计量经济学工具箱中的回归估计命令就直接提供了计算直接效应和间接效应的功能。换言之，在估计完空间滞后模型、空间杜宾模型、SAC 模型和通用嵌套空间模型之后，得到的结果不但显示了回归后模型中各个自变量系数的估计结果，而且也显示了各个自变量的直接效应和间接效应的计算结果以及相应的统计检验。

12.5.1　空间滞后模型的直接效应和间接效应

空间滞后模型自变量的直接效应和间接效应的计算结果紧跟在空间滞后模型的估计结果之后。重复前面的估计空间滞后模型的代码，可以得到两部分结果。第一部分报告的是空间滞后模型回归估计后各个自变量的估计系数（见图12-1）。第二部分报告的是各个自变量的直接效应和间接效应。从总体来看，报告分为上、中、下三部分，分别汇报了各个自变量的直接效应、间接效应和总效应。

```
Spatial autoregressive Model Estimates
Dependent Variable    =    crime
R-squared             =    0.580 0
Rbar-squared          =    0.561 7
sigma^2               =    96.910 7
Nobs,Nvars            =    49,3
log-likelihood        =    -165.686 35
# of iterations       =    15
min and max rho       =    -1.000 0,1.000 0
total time in secs    =    0.181 0
time for lndet        =    0.023 0
time for t-stats      =    0.005 0
time for x-impacts    =    0.037 0
# draws x-impacts     =    1 000
No lndet approximation used
* * * * * * * * * * * * * * * * * * * * * * * * * * * * * * * * * * * * * * *
Variable      Coefficient        Asymptot t-stat       z-probability
constant      45.729 878          6.294 859            0.000 000
income        -1.051 746         -3.420 343            0.000 625
hoval         -0.266 377         -2.988 941            0.002 799
rho            0.420 996          3.516 208            0.000 438
```

图 12-1　空间滞后模型估计结果的报告第一部分示例

由结果可知，这一部分报告的是空间滞后模型回归估计后各个自变量的估计系数。第二部分报告的是各个自变量的直接效应和间接效应（见图12-2）。

直接效应方面，自变量income直接效应的计算结果为-1.084010，t统计量为-3.432333，伴随概率为0.001225，说明在1%的显著性水平下拒绝"自变量income直接效应为0"的原假设。自变量"hoval"直接效应的计算结果为-0.288705，t统计量为-2.998811，伴随概率为0.004250，说明在1%的显著性水平下拒绝"自变量hoval直接效应为0"的原假设。这两个自变量的直接效应在统计上均十分显著。

Direct	Coefficient	t-stat	t-prob	lower	upper 99
income	− 1. 084 010	− 3. 432 333	0. 001 225	− 1. 873 326	− 0. 318 432
hoval	− 0. 288 705	− 2. 998 811	0. 004 250	− 0. 567 465	− 0. 053 366
Indirect	Coefficient	t-stat	t-prob	lower	upper 99
income	− 0. 736 662	− 1. 915 319	0. 061 298	− 2. 605 014	− 0. 109 386
hoval	− 0. 205 586	− 1. 483 262	0. 144 409	− 0. 875 356	− 0. 025 448
Total	Coefficient	t-stat	t-prob	lower	upper 99
income	− 1. 820 672	− 3. 159 687	0. 002 706	− 3. 852 085	− 0. 534 414
hoval	− 0. 494 292	− 2. 373 828	0. 021 568	− 1. 325 404	− 0. 095 622

图 12 - 2　空间滞后模型估计结果的报告第二部分示例

再来看间接效应，自变量"income"间接效应的计算结果为 − 0. 736662，t 统计量为 − 1. 915319，伴随概率为 0. 061298，说明在 6% 的显著性水平下拒绝"自变量 income 间接效应为 0"的原假设。自变量"hoval"间接效应的计算结果为 − 0. 205586，t 统计量为 − 1. 483262，伴随概率为 0. 144409，说明在 10% 显著性水平下无法拒绝"自变量 hoval 间接效应为 0"的原假设。

最后看总效应。总效应等于直接效应和间接效应之和。例如，自变量"income"的总效应等于直接效应加间接效应 [− 1. 820672 = (− 1. 084010) + (−0. 736662)]，同样的道理，自变量"hoval"的总效应也等于直接效应和间接效应之和。

从统计检验结果来看，自变量"income"和自变量"hoval"的总效应的，统计量的伴随概率分别为 0. 002706 和 0. 021568，分别说明在 1% 和 5% 的显著性水平下拒绝"自变量 hoval 总效应为 0"的原假设，也拒绝"自变量 hoval 总效应为 0"的原假设，说明本地区的家庭收入和房屋价格以及邻近地区家庭收入和房屋价格的提高均能显著地减少本地区入室抢劫和盗窃车辆案件发生的数量。

需要注意的是，由于总效应等于直接效应和间接效应之和。如果直接效应和间接效应均显著为负，所以两者的作用是同方向的。但是，有可能出现直接效应和间接效应的作用相反的情况，导致总效应的结果依赖于直接效应和间接效应之中较大的效应。换言之，如果直接效应大于间接效应，那么总效应与直接效应的作用相同，反之亦然。当然，也要看总效应在统计上是否显著。在实证分析中，需要注意这个问题。

12.5.2　其他模型的直接效应和间接效应

（1）空间杜宾模型的直接效应和间接效应。

在空间杜宾模型回归估计中介绍了空间杜宾模型可以采用函数命令"sdm. m"来进行估计。如果想要得到空间杜宾模型自变量的直接效应和间接效应，必须使用函数命令"sdm. m"来进行估计，而非"sar. m"。因为利用函数命令"sar. m"来进行估计，会得到错误的直接效应和间接效应。

（2）SAC空间模型的直接效应和间接效应。

SAC空间模型的直接效应和间接效应的计算结果也伴随着SAC空间模型的估计结果一并被报告出来。

（3）通用嵌套空间模型的直接效应和间接效应。

通用嵌套空间模型使用"sacpaul. m"函数命令来估计自变量的参数，但是"sacpaul. m"函数命令没有包含计算直接效应和间接效应的功能。需要利用"sacpaul. m"函数命令估计出的参数来计算直接效应和间接效应。

第 13 章
地理加权回归模型

前面几章介绍的空间计量模型解决的是空间交互效应的问题，这些模型可以归属为全域模型（global model）。全域空间计量模型的含义在于：虽然空间单元是不同的，但是对于不同的空间单元来说，自变量对因变量的影响是相同的，因为估计出来的系数是固定的（fixed），换言之，解释变量对因变量的影响是平均的。

全域空间回归模型在某些情况下是适用的，但是在一些情况下，可能会产生错误的估计。辛普森（Simpson，1951）就提出了一个辛普森悖论（Simpson's paradox）（见图 13 - 1）。

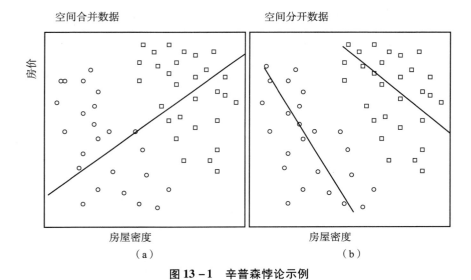

图 13 - 1　辛普森悖论示例

图 13 - 1 分成（a）（b）两幅图，图 13 - 1 （a）表示 2 个区域的房价与房屋密度的关系，都是斜率为负的曲线。由此可见，无论对于哪个区域

来说，结论为：人口密度越高，房价越低。然而，如果将两个样本数据合并起来进行回归，如图13-1（b）所示，可以发现总体样本人口密度与房价的回归拟合线竟然变成正斜率的，说明人口密度越高，房价也越高。这显然与上述两个样本得出的结果完全相反。由此可见，全域模型估计出来的结果有可能导致错误的解释。全域模型产生的问题由此引发了一个思考，即能否针对不同的区域估计出不同参数的模型，这种模型可以称为局域模型（local model）。

13.1　空间扩展模型

一个典型的局域模型是空间扩展模型（spatial expansion model），它能够针对不同的空间单元估计出不同的参数。其中，参数是空间单元地理位置的函数。

先来看一个典型的全域模型，如下所示：

$$y_i = \alpha + \beta x_{i1} + \cdots + \tau x_{im} + \varepsilon_i \tag{13.1}$$

其中，y 表示因变量；x 表示自变量；α、β 和 τ 表示待估计的参数；ε 表示随机误差项。i 表示空间坐标点，通常用经纬度来表示。

接下来要解决的问题就是如何根据空间坐标信息来构造参数的函数方程，布朗和琼斯（Brown and Jones，1985）、埃尔德里奇和李伊（Eldridge and lii，1991）和麦克米伦（Mcmillen，1996）推荐的方式是直接采用空间单元 i 的空间坐标来表示，如下所示：

$$\begin{aligned}
\alpha_i &= \alpha_0 + \alpha_1 \mu_i + \alpha_2 v_i \\
\beta_i &= \beta_0 + \beta_1 \mu_i + \beta_2 v_i \\
&\vdots \\
\tau_i &= \tau_0 + \tau_1 \mu_i + \tau_2 v_i
\end{aligned} \tag{13.2}$$

在确定了参数的函数方程之后，就可以代入原方程，因此可以得到扩展方程，如下所示：

$$y_i = \alpha_0 + \alpha_1 \mu_i + \alpha_2 v_i + \beta_0 x_{i1} + \beta_1 \mu_i x_{i1} + \beta_2 v_i x_{i1} + \cdots + \tau_0 x_{im} + \tau_1 \mu_i x_{im} + \tau_2 v_i x_{im} + \varepsilon_i \tag{13.3}$$

上述方程就是空间扩展方程，可以通过普通最小二乘法估计出参数，然后再代入参数的函数方程就可以得到不同空间单元的不同参数。这些参数与空间单元是相关的，因此可以在地图中展示出这些参数在空间上的变化。

空间扩展模型在描述空间异质性方面提供了一个很好的思路。但是，空间扩展模型也存在一些缺陷，如下所示：

①空间扩展模型在描述地理空间关系上有所限制，这是因为描述这种空间上的关系严重地依赖于扩展方程的复杂程度。换言之，扩展方程越复杂，对空间关系的描述也就越复杂。这意味着通过扩展方程获得的随空间变化的参数有可能使得重要的局部变化相对于全域来说变得模糊。

②扩展方程的形式是先设定好的，有可能存在比所选用的方程更好的扩展方程。

③假定扩展方程是决定最终模型的重要因素。

对于空间扩展模型的回归估计，MATLAB 空间计量经济学工具箱提供的函数命令是"casetti. m"。其调用方式如下所示：

$$results = casetti(y, \ x, \ xc, \ yc, \ option) \qquad (13.4)$$

"casetti. m" 函数命令的调用方式需要在输入参数时指定经纬度坐标。其中，"results" 为输出的结果，"casetti" 为函数命令名，括号内的"y"是因变量，"x"是自变量，"xc"是经度坐标，"yc"是纬度坐标，"option"是可控制的选项，具体含义如下所示：

option. exp = 0：X 轴和 Y 轴扩展（默认）；

option. exp = 1：距离中心点距离扩展；

option. ctr：设置中心点为第#个观察。

其中，默认参数"option. exp = 0"。"casetti. m" 函数命令还提供另一种扩展形式，即距离中心点空间距离的扩展形式。如果设置"option. exp = 1"，那么就需要设定"option. ctr = n"，指定第 n 个观察样本为中心点。n 由用户自己设定，比如为 20。

13.2 地理加权回归模型

由于空间扩展模型存在一些缺陷，因此，福瑟林厄姆等（Fotheringham et al.，1998）对空间扩展模型进行了改进，提出了地理加权回归模型（geographically weighted regression，GWR）。

全域回归模型，如下所示：

$$y = \beta_0 + \sum_k \beta_k x_k + \varepsilon \qquad (13.5)$$

地理加权回归模型通过将全域的参数变为局域的参数，扩展了传统的全域回归模型。那么，模型可以改成如下形式：

$$y = \beta_0(\mu_i, \ v_i) + \sum_k \beta_k(\mu_i, \ v_i)x_k + \varepsilon \qquad (13.6)$$

其中，（μ_i，v_i）表示空间单元 i 的坐标；$\beta_k(\mu_i, v_i)$ 表示连续函数方程 $\beta_k(\mu, v)$ 在空间坐标点 i 的参数。

地理加权回归参数的估计方法和局域标准误差的计算方法，但是这两者都与权重 $W(\mu_i, v_i)$ 有关。在地理加权回归中，由于地理空间信息都用坐标来进行描述，因此采用基于距离的权重就成了很自然的想法。向量 W_i 取决于样本中距离 d_i 内的所有其他观察值。请再次注意：这里的 W_i 与之前的空间回归模型中的空间权重矩阵是不同的，这里的 W_i 表示基于距离的权重。

在距离权重的计算中，往往需要考虑到衰减效应，因此通常需要引入一个衰减参数（decay parameter）来构造这个权重函数，使得距离近的观察值获得更大的权重。较为常见的有 3 种权重函数：指数距离权重函数、立方距离权重函数和高斯距离权重函数。这三种常见的权重函数在勒沙杰·詹姆斯（LeSage James，2004）中有所提到，实际上也是 MATLAB 空间计量经济学工具箱中地理加权回归函数命令所支持的三种权重函数。

其中之一是布伦斯顿等（Brunsdon et al.，1996）所推荐的指数距离权重函数，如下所示：

$$W_i = \sqrt{\exp(-d_i/\delta\theta)} \tag{13.7}$$

其中，参数 θ 表示衰减参数，或者称为带宽参数（bandwidth parameter）。通过不同的衰减参数可以计算出不同的距离权重。

另一个权重函数是麦克米伦和麦克唐纳（McMillen and McDonald，2004）所推荐的立方距离权重函数，如下所示：

$$W_i = [1-(d_i/q_i)^3]^3 I(d_i < q_i) \tag{13.8}$$

其中，q_i 表示空间单元 i 中第 q 个最近邻居的距离；I 是一个指示函数，满足条件时取 1，否则取 0。

最后一种权重函数是基于高斯函数（Gaussian function）的高斯距离权重函数，如下所示：

$$W_i = \varphi(d_i/\delta\theta) \tag{13.9}$$

其中，φ 表示标准正态密度函数；δ 表示距离向量 d_i 的标准离差。

对于地理加权回归模型的回归估计，MATLAB 空间计量经济学工具箱提供的函数命令是"gwr.m"。"gwr.m" 函数命令的调用方式如下所示：

$$result = gwr(y, x, east, north, info)$$

"gwr.m" 函数命令的调用方式与 "casetti.m" 函数命令十分相似，区别在于 "info" 可控制的选项。其中，"results" 为输出的结果，"gwr" 为函数命令名，括号内 "y" 是因变量，"x" 是自变量，"east" 是经度坐标，"north" 是纬度坐标，"info" 是可控制的选项，具体含义如下所示：

①info.bwidth：设置带宽，默认值为 0。

②info. bmin：设置最小带宽。

③info. bmax：设置最大带宽。

④info. dtype：设置所选用的距离权重函数，有 3 种：

info. dtype = gaussian：高斯距离权重函数；

info. dtype = exponential：指数距离权重函数；

info. dtype = tricube：立方距离权重函数；

⑤info. q：立方距离权重函数 q 阶最近邻居数量。

⑥info. qmin：设置最小的邻居数。

⑦info. qmax：设置最大的邻居数。

请注意："info. bwidth"被用在高斯距离权重函数和指数距离权重函数的地理加权回归模型中。"info. q""info. qmin""info. qmax"被用在立方距离权重函数的地理加权回归模型中。

由于地理加权回归模型可以输出每个空间单元的参数估计结果，如果用数据来进行描述，那么结果会非常繁杂，不容易理解。通常可以采用地图的形式来展示出估计的参数。比如，利用 ArcGIS 软件对系数进行地图化显示。MATLAB 空间计量经济学工具里也提供了一个绘图工具，可以将 3 种不同距离权重函数的模型参数估计结果绘制在图中用于对比分析。

第 4 篇　静态空间面板数据模型

第 14 章
基本空间面板数据模型概况

在 2000 年之前，空间计量经济学大量的理论研究工作和实证分析基本上是围绕着截面数据开展的。随着空间计量经济学理论的发展，在 2000 年之后，逐渐开展了对空间面板数据模型理论的探索。空间面板数据（spatial panel data 或者 spatial panels）的截面维度包含了空间单元的地理信息。空间单元包括比如国家、省、州、市、县、区域或者邮政编码等（Elhorst，2010c）。空间面板数据由于包含 2 个维度的信息，因此经常用下标 i 来表示空间截面维度，用下标 t 来表示时间维度。例如，y_{it} 就表示一个空间面板数据，下标 i 可以表示省份、城市或者县，下标 t 可以表示年份。从本质上来说，空间面板数据与面板数据并没有任何不同。

14.1 经典面板数据模型

面板数据模型是从截面数据模型发展而来的。考虑下面的线性截面数据模型：

$$y_i = X_i \beta + \varepsilon_i \qquad (14.1)$$

在式（14.1）中考虑时间的因素，则可以得到传统的、不包含空间交互效应的面板数据模型：

$$y_{it} = X_{it} \beta + \varepsilon_{it} \qquad (14.2)$$

其中，下标 i 和 t 分别为截面维度和时间维度，$i = 1, 2, \cdots, N$；$t = 1, 2, \cdots, T$。y_{it} 表示在 t 时刻空间单元 i 的因变量；X_{it} 表示 $NT \times K$ 的自变量，K 为自变量的个数。具体来说，$X_{it} = (X_{1it}, X_{2it}, \cdots, X_{Kit})$。$\beta$ 表示 $K \times 1$ 的自变量的待估计参数；ε_{it} 是均值为 0、方差为 σ^2 且满足独立同分布的误差项。

面板数据包含截面维度信息和时间维度信息，但是在面板数据模型中并未控制截面维度信息和时间维度信息的异质性。在空间面板数据中，截面维度信息就是来自空间单元的信息。

14.1.1　空间固定效应

面板数据的个体差异反映在空间面板数据中，具体来说就是空间单元之间是有差异性的。这些差异性因为不同的空间单元而表现出不同的特质（specific），并且不随时间的变化而变化。并且，这些差异性信息具有不可观测或者难以衡量的特性，无法用具体的变量在模型中表示出来。比如，空间单元地理区位、山川地貌、风俗习惯等，这些特性不随时间的变化而改变。这些不可观察的变量会影响模型中的解释变量。如果不控制这些空间单元的差异性，在估计时有可能造成偏误。解决这个问题的方法就是在面板数据模型中添加一个虚拟变量 μ 来表示空间单元的差异。它们具有空间特质效应（spatial specific effects），不随时间的变化而变化。那么，在空间面板数据模型中需要考虑空间特质效应，模型如下所示：

$$y_{it} = X_{it}\beta + \mu_i + \varepsilon_{it} \tag{14.3}$$

其中，μ_i 表示空间单元的空间特质效应。这种效应又可以分为固定效应（fixed effects）和随机效应（random effects）。

当 μ_i 与模型中的某个自变量相关时，则该模型为固定效应模型。相应地，在随机模型中，μ_i 被看作一个独立同分布的随机变量（random variable），并且，这个随机变量 μ_i 被认为与误差项 ε_{it} 是相互独立的。实际上，这个固定效应 μ_i 可以看作每个空间单元的截距项，对于不同的空间单元来说，截距项不同。

14.1.2　时间固定效应

同样的道理，在时间维度上也存在时间固定效应（time-period fixed effects）或者时间随机效应（time-period random effects）。时间固定效应用来描述那些在时间维度上不可观察或者不可测量的变量，并且这些变量根据时间的变化而变化，不随空间单元的不同而改变。比如说，对整个区域中所有地区实施某种政策，并且，这种政策具有持续性，如果不在模型中控制这些因素，在估计时也有可能造成偏误。解决这个问题的办法是在面板数据模型中添加一个变量 γ_i，那么，模型如下所示：

$$y_{it} = X_{it}\beta + \gamma_t + \varepsilon_{it} \tag{14.4}$$

其中，γ_t 表示时间固定效应或者随机效应。当 γ_t 与模型中的自变量相关时，则该模型为时间固定效应模型。相应地，在时间随机效应模型中，γ_t 被看作一个独立同分布的随机变量，并且，这个随机变量被认为与误差项却是相互独立的。

面板数据模型可能包含空间维度的固定效应或者随机效应，也可能包含时间维度的固定效应和随机效应。如果模型中包含了 μ_i 和 γ_t 这两项，那么双固定效应（two-way fixed effects）的面板数据模型可以如下所示：

$$y_{it} = X_{it}\beta + \mu_i + \gamma_t + \varepsilon_{it} \tag{14.5}$$

经典的面板数据模型可以包含固定效应或者随机效应，并且在截面维度和时间维度上都可以包含固定效应或者随机效应。因此，经典面板数据模型有 5 种模型形式，如下所示：

①无固定效应的面板数据模型；
②空间固定效应的面板数据模型；
③时间固定效应的面板数据模型；
④空间和时间双固定效应的面板数据模型；
⑤随机效应的面板数据模型。

经典面板数据模型有 5 种模型形式，同样的道理，空间面板数据模型也有 5 种模型形式。

14.2　基本空间面板数据模型

截面数据的情况下，空间模型有 SAR、SEM、SLX、SAC、SDM、SDEM、GNSM 等模型。对应地，在面板数据的情况下，会有空间面板滞后模型、空间面板误差模型、空间面板自变量滞后模型、一般空间面板模型、空间面板杜宾模型、空间面板杜宾误差模型和通用嵌套空间面板模型。现在，我们暂时不考虑时间滞后项，所以这里介绍的是静态的空间面板数据模型（static spatial panel data model）。

经典面板数据模型有 5 种模型形式，同样的道理，每种空间面板数据模型也有 5 种模型形式，以空间滞后模型为例，这 5 种模型如下所示：

①无固定效应的面板数据空间滞后模型；
②空间固定效应的面板数据空间滞后模型；

③时间固定效应的面板数据空间滞后模型；

④空间和时间双固定效应的面板数据空间滞后模型；

⑤随机效应的面板数据空间滞后模型。

同样的道理，后面将会介绍的空间面板数据的空间误差模型、空间杜宾模型以及空间杜宾误差模型也可以分为以上 5 种模型，前 4 个是固定效应相关的面板数据空间滞后模型，第 5 个是面板数据空间滞后模型。

第 15 章

空 间 面 板 数 据 滞 后 模 型

空间面板数据滞后模型与之前的截面数据的空间滞后模型非常类似，如下所示：

$$y_{it} = \rho \sum_{j=1}^{N} w_{ij} y_{it} + X_{it}\beta + \varepsilon_{it} \qquad (15.1)$$

通过下标 i 和 t 可知，这是空间面板滞后模型。ρ 为空间自回归系数，w_{it} 为空间权重矩阵 W 中的元素，y 表示因变量，X 表示自变量，β 表示待估计的自变量参数，ε 表示误差项。由于包含因变量空间滞后项 Wy，因此该模型称为空间滞后模型。

需要注意的是：本章中空间面板数据模型里的空间权重矩阵 W 不随时间变化而变化。换言之，对于任何一个时间点，空间权重矩阵都是一样的。当然，也可以使用随时间改变的空间权重矩阵，比如社会经济空间权重矩阵，它每年都不相同，因此这类矩阵是随着时间变化的。李和余（Lee and Yu, 2012a）的研究表明，即便是采用随时间改变的空间权重矩阵，动态空间面板数据模型的极大似然估计量也是一致的，并且服从渐进的正态分布。另外，要求面板数据是平衡的，如果数据出现缺失值，则函数命令无法使用。

存在空间特质效应的空间面板滞后模型设定如下所示：

$$y_{it} = \rho \sum_{j=1}^{N} w_{ij} y_{it} + X_{it}\beta + \mu_i + \varepsilon_{it} \qquad (15.2)$$

如果 μ_i 是空间固定效应，那么就称之为固定效应的空间面板滞后模型。如果 μ_i 是随机效应，那么就称之为随机效应的空间面板滞后模型。

15.1 固定效应的模型

在确定了模型设定之后，接下来的问题是如何估计固定效应的空间滞后模型。由前面的章节可知，空间滞后模型不能使用普通最小二乘方法进行估计。这是由于引入了因变量空间滞后项，所以就引起了内生性问题。具体来说就是误差项与 $\sum\limits_{j} w_{ij}y_{it}$ 相关，因此，$E\big[\,(\sum\limits_{j} w_{ij}y_{it})\varepsilon_{it}\,\big] \neq 0$。显然这里直接地回归其中的解释变量，由于被解释变量空间滞后项 $\sum\limits_{j} w_{ij}y_{it}$ 的存在，将形成内生的解释变量的偏差。在空间效应存在的条件下，通常所使用的 OLS 回归往往存在缺失解释变量偏差。

另外，由于对于任何一个时间点来说，空间单元上的观察值之间的空间依赖性也会影响固定效应的估计。因此，通过构造对数似然函数得到极大似然估计量时必须考虑到 $\sum\limits_{j} w_{ij}y_{it}$ 的内生性问题。固定效应的对数似然函数如下所示：

$$
\log L = -\frac{NT}{2}\log(2\pi\sigma^2) + T\log|I_N - \rho W|
$$
$$
-\frac{1}{2\sigma^2}\sum_{i=1}^{N}\sum_{t=1}^{T}\Big(y_{it} - \rho\sum_{j=1}^{N} w_{it}y_{it} - X_{it}\beta - \mu_i\Big)^2
$$

其中，右边第二项是从 ε 转换所得的雅克比项，它考虑了 $\sum\limits_{j} w_{ij}y_{it}$ 的内生性。

然后，对这个对数似然函数求 μ_i 的偏导，可以得到如下结果：

$$
\frac{\partial \log L}{\partial \mu_i} = -\frac{1}{\sigma^2}\sum_{t=1}^{T}\Big(y_{it} - \rho\sum_{j=1}^{N} w_{it}y_{it} - X_{it}\beta - \mu_i\Big) = 0 \tag{15.3}
$$

整理上述公式，可以得到 μ_i，如下所示：

$$
\mu_i = -\frac{1}{T}\sum_{t=1}^{T}\Big(y_{it} - \rho\sum_{j=1}^{N} w_{it}y_{it} - X_{it}\beta\Big) \tag{15.4}
$$

由此可见，空间固定效应与经典面板数据模型的固定效应相比，多了一个因变量空间滞后项 Wy。

将得到的 μ_i 代入对数似然函数中，可以得到关于 β，ρ 和 σ^2 的集中对数似然函数，如下所示：

$$
\log L = -\frac{NT}{2}\log(2\pi\sigma^2) + T\log|I_N - \rho W|
$$
$$
-\frac{1}{2\sigma^2}\sum_{i=1}^{N}\sum_{t=1}^{T}\Big(y_{it} - \rho\big[\sum_{j=1}^{N} w_{it}y_{it}\big]^{*} - X_{it}^{*}\beta\Big)^2
$$
$$
\tag{15.5}
$$

其中，$*$ 号表示经过去均值处理。

接下来的问题就是如何得到极大似然估计值。在截面数据的空间滞后模型中，极大似然估计参数的方法也同样适用于面板数据，但是略有不同。

区别在于截面数据只有 N 个观察值，而面板数据有 N × T 个观察值。估计过程的步骤如下：

首先，将面板数据排列成一个 NT × 1 的向量，然后进行去均值处理，得到三个去均值后的向量 Y^*、$(I_T \otimes W) Y^*$ 和 NT × K 的自变量 X^*。然后，使用 OLS 方法分别用 Y^* 和 $(I_T \otimes W) Y^*$ 对 X^* 进行回归，得到 OLS 估计量 b_0 和 b_1，以及相应的残差 e_0 和 e_1。然后对集中对数似然函数进行最大化，参数 ρ 的估计量可以通过对数似然函数得到，如下所示：

$$\log L = C - \frac{NT}{2}\log[(e_0^* - \rho e_1^*)^T (e_0^* - \rho e_1^*)] + T\log|I_N - \rho W| \quad (15.6)$$

注意：C 是一个与 ρ 无关的常数项。

在获得参数 ρ 后，也可以得到 β 和 σ^2 的估计量，如下所示：

$$\beta = b_0 - \rho b_1 = (X^{*T}X^*)^{-1}X^{*T}[y^* - \rho(I_T \otimes W)y^*]$$

$$\sigma^2 = \frac{1}{NT}(e_0^* - \rho e_1^*)^T(e_0^* - \rho e_1^*) \quad (15.7)$$

最后一步就是获得参数的渐进方差矩阵：

$$\text{Asy. Var}(\beta, \rho, \sigma^2) =$$

$$\begin{bmatrix} \dfrac{X^{*T}X^*}{\sigma^2} & & \\ \dfrac{X^{*T}(I_T \otimes \widetilde{W})X^* \beta}{\sigma^2} & T * \text{tr}(\widetilde{W}\widetilde{W} + \widetilde{W}^T\widetilde{W}) + \dfrac{\beta^T X^{*T}(I_T \otimes \widetilde{W}^T\widetilde{W})X^* \beta}{\sigma^2} & \\ 0 & \dfrac{T}{\sigma^2}\text{tr}(\widetilde{W}) & \dfrac{NT}{2\sigma^4} \end{bmatrix}^{-1}$$

$$(15.8)$$

其中，$\widetilde{W} = W(I_N - \rho W)^{-1}$，tr 表示矩阵的迹。

同样的道理，上述方法也适用于时间固定效应的空间滞后模型的参数估计。

为了实现面板数据空间滞后模型参数的回归估计，埃尔霍斯特（Elhorst）编写了 MATLAB 的函数命令，如下所示：

①sar_panel_FE：估计固定效应的空间滞后模型。还需要配合使用勒沙杰（LeSage）编写的 sar_parse、sar_eigs、sar_lndet 和 hessian 等 MATLAB 函数命令。

②sar_panel_RE：估计随机效应的空间滞后模型。还需要埃尔霍斯特（Elhorst）编写的 sar_panel_RE、f_resar 和 f2_resar 等 MATLAB 函数命令。

固定效应和随机效应的空间滞后模型对应的 MATLAB 函数命令分别为 sar_panel_FE. m 和 sar_panel_RE. m，与估计截面数据空间滞后模型的函数命令的区别在于函数命令的后缀。函数命令中的 sar 是空间自回归（spatial autoregression，SAR）的缩写；panel 是面板数据的函数命令；FE 为固定效应（fixed effects，FE）的缩写；RE 为随机效应（random effects，RE）的缩写；. m 表示是 MATLAB 的 M 文件。将这 3 个单词组合起来就很容易记住函数命令。

面板数据需要考虑两个维度的信息，即截面维度信息和时间维度信息。在函数命令中也需要设定截面个数（或者叫作空间单元的数量）和时间长度，一般用 N 表示截面个数，用 T 表示时间长度。调用 MATLAB 函数命令来估计空间面板数据模型并不比估计截面数据的空间计量模型复杂太多。但是，在参数设置方面，需要考虑的问题较截面数据的空间计量模型要多。

面板数据空间滞后模型的函数命令调用方法如下所示：

$$results = sar\_panel\_FE(y, x, W, T, info)$$

其中，results 表示估计后的结果。函数命令括号内包含 5 个输入参数。其中，y 为因变量，x 为自变量，W 为空间权重矩阵，T 为时间维度，inf 为一个可选的结构变量，通过控制该选项来实现各种模型的估计。info 参数较为复杂，其用法如表 15 – 1 所示。

表 15 – 1　　　　sar_panel_FE 的 info 变量的参数的各种取值的含义

参数	取值	表示的含义
info. model	0	混合面板数据模型（不包含任何固定效应）
	1	空间固定效应
	2	时间固定效应
	3	空间和时间双固定效应
info. fe	0	不输出固定效应及相应的概率值
	1	输出固定效应及相应的概率值（默认为1）
info. bc	0	固定效应的空间滞后模型命令计算截面/或时间均值的误差
	1	采用误差修正方法（默认为1）
info. lflag	0	采用计算速度最快的方法
	1	用于大样本数据计算，计算速度较快
	2	采用中等速度计算方法

通过设定 info. model 的参数，可以选择估计混合面板数据模型还是固定效应模型。info. model 取值为 0、1、2、3 分别对应无固定效应的面板数据空间滞后模型、空间固定效应的面板数据空间滞后模型、时间固定效应的面板数据空间滞后模型和空间和时间双固定效应的面板数据空间滞后模

型。在估计空间固定效应、时间固定效应以及空间和时间双固定效应的空间面板数据模型时，MATLAB 代码中唯一发生变化的就是这个参数。

需要注意的是：当 info. model 取值为 0 时，无固定效应的输入参数中包含常数项，即需要用 "［xconstant x］"（xconstant = ones（N*T, 1））代替原调用函数 "sar_panel_FE（y, x, W, T, info）" 中的 "x"，即函数调用为 results = sar_panel_FE（y, ［xconstan x］, W, T, info）。

info. fe 参数设定用来输出固定效应 μ。对于大多数实证分析来说，固定效应并非重点研究的问题，因此，通常设定 info. fe = 0。

通常情况下，设定 info. bc = 1。

一般来说，可以忽略 info. lflag 这个选项，但是当面对截面数量较大时，例如，要计算截面是 1000 个县的面板数据时，设定该选项可以节约时间。需要注意的是：埃尔霍斯特（Elhorst，2014）指出，如果空间单元数小于 500，那么设定 info. lflag = 0 可用于获得精确的估计结果。但是，在设定 lflag 选项时，则还需要调整选项中的另一个参数。当 info. lflag = 0 时，设定 info. rmin = − 1；当 info. lflag = 1 时，设定 info. rmax = 1。info. rmin 表示搜索 ρ 时的最小值，info. rmax 表示搜索 ρ 时的最大值。ρ 的取值范围为 ［− 1, 1］。

15.2　随机效应的模型

如果 μ_i 为随机效应的话，那么模型就成为随机效应的空间滞后模型。随机效应的空间滞后模型也可以通过构造对数似然函数来得到参数的估计量。对数似然函数如下所示：

$$\log L = -\frac{NT}{2}\log(2\pi\sigma^2) + T\log|I_N - \rho W| + \frac{N}{2}\log\theta^2$$
$$- \frac{1}{2\sigma^2}\sum_{i=1}^{N}\sum_{t=1}^{T}(y_{it}^{\cdot} - \rho[\sum_{j=1}^{N}w_{it}y_{it}]^{\cdot} - X_{it}^{\cdot}\beta)^2 \quad (15.9)$$

这个对数似然函数与经典面板随机效应的对数似然函数也很相似，区别在于因变量空间滞后项。·表示跟参数 8 有关的转换方程。同样，对于给定的仇这个对数似然函数就与固定效应的空间滞后模型的对数似然函数是一致的。因此，可以利用前面介绍的固定效应的空间滞后模型的参数估计方法得到随机效应的空间滞后模型的参数 β、ρ、σ^2 和 θ。区别在于将固定效应对数似然函数中的上标 ∗ 换成·。

随机效应的空间滞后模型的对数似然函数如下所示：

$$\log L = -\frac{NT}{2}\log[e(\theta)^T e(\theta)] + \frac{N}{2}\log\theta^2 \qquad (15.10)$$

其中，$e(\theta)$ 的表达比较复杂，如下所示：

$$e(\theta)_{it} = y_{it} - (1-\theta)\frac{1}{T}\sum_{t=1}^{T}y_{it} - \rho\left[\sum_{j=1}^{N}w_{ij}y_{it} - (1-\theta)\frac{1}{T}\sum_{t=1}^{T}\sum_{j=1}^{N}w_{ij}y_{it}\right]$$

$$- \left[X_{it} - (1-\theta)\frac{1}{T}\sum_{t=1}^{T}x_{it}\right]\beta \qquad (15.11)$$

利用迭代的方法可以得到参数 β、ρ、σ^2 和 θ。参数 β、ρ、σ^2 和 θ 的渐进方差矩阵如下所示：

$$\text{Asy. Var}\ (\beta,\ \rho,\ \theta,\ \sigma^2)\ =$$

$$\begin{bmatrix} \dfrac{X^{\cdot T}X^{\cdot}}{\sigma^2} & & & \\[2ex] \dfrac{X^{\cdot T}(I_T\otimes\tilde{W})\ X^{\cdot}\ \beta}{\sigma^2} & \begin{array}{c} T*\text{tr}\ (\tilde{W}\tilde{W}+\tilde{W}^T\tilde{W})\ + \\[1ex] \dfrac{\beta^T X^{\cdot T}(I_T\otimes\tilde{W}^T\tilde{W})\ X^{\cdot}\ \beta}{\sigma^2} \end{array} & & \\[4ex] 0 & -\dfrac{1}{\sigma^2}\text{tr}(\tilde{W}) & N\left(T+\dfrac{1}{\theta^2}\right) & \\[3ex] 0 & \dfrac{T}{\sigma^2}\text{tr}(\tilde{W}) & \dfrac{-N}{\sigma^2} & \dfrac{NT}{2\sigma^4} \end{bmatrix}^{-1}$$

$$(15.12)$$

面板数据空间滞后模型的函数命令调用方法如下所示：

$$\text{results} = \text{sar\_panel\_RE}(y,\ [\text{xconstan}\ x],\ W,\ T,\ \text{info}) \qquad (15.13)$$

随机效应与固定效应的代码略有区别，主要区别在于参数的设置。在随机效应代码中 info. lflag = 0，无须设置 info. model 和 info. fe 参数，并且，函数命令由 sar_panel_FE 变为 sar_panel_RE。同时注意，随机效应函数的参数中包含截距（xconstant）。

第 16 章
空间面板数据误差模型

存在空间特质效应的空间面板误差模型设定如下所示：

$$y_{it} = X_{it}\beta + \mu_i + \varepsilon_{it}$$
$$\varepsilon_{it} = \lambda W \varepsilon_{it} + v_{it}$$

(16.1)

如果 μ_i 是空间固定效应，那么就称之为固定效应的空间面板误差模型。如果 μ_i 是随机效应，那么就称之为随机效应的空间面板误差模型。

16.1　固定效应的模型

空间固定效应的空间误差模型的参数也可以通过极大似然估计得到。安瑟林和赫达克（Anselin and Hudak，1992）已经指出了截面数据空间误差模型参数 β、λ 和 σ^2 的估计方法。这个方法也可以延伸到空间面板数据的空间误差模型中，区别在于将截面中的观察值个数 N 转换成面板数据的 NT。

构造面板数据空间误差模型的对数似然函数，如下所示：

$$\log L = -\frac{NT}{2}\log(2\pi\sigma^2) + T\log|I_N - \lambda W|$$
$$-\frac{1}{2\sigma^2}\sum_{i=1}^{N}\sum_{t=1}^{T}\{y_{it}^* - \lambda(\sum_{j=1}^{N}w_{ij}y_{it})^* - [x_{it}^* - \lambda(\sum_{j=1}^{N}w_{ij}x_{it})^*]\beta\}^2$$

(16.2)

式（16.2）中，$*$ 表示经过去均值处理。

确定了之后，参数 β 和 σ^2 的极大似然估计量可以通过一阶最大化条件获得，分别对对数似然函数求一阶偏导，可以得到：

$$\beta = \{[X^* - \lambda(I_T \otimes W)X^*]^T[X^* - \lambda(I_T \otimes W)X^*]\}^{-1}$$

$$\times \{ [X^* - \lambda(I_T \otimes W)X^*]^T [y^* - \lambda(I_T \otimes W)y^*] \}$$

$$\sigma^2 = \frac{e(\lambda)^T e(\lambda)}{NT} \qquad (16.3)$$

其中，$e(\lambda) = y^* - \lambda(I_T \otimes W)y^* - [X^* - \lambda(I_T \otimes W)X^*]\beta$。

参数 λ 的集中对数似然函数如下所示：

$$\log L = -\frac{NT}{2}\log[e(\lambda)^T e(\lambda)] + T\log|I_N - \lambda W| \qquad (16.4)$$

确定参数 β 和 σ^2 后，对上述似然函数求 λ 的一阶偏导就可以得到 λ 的估计量。通过迭代的方法，在收敛的时候就可以估计出 λ。参数 β、λ 和 σ^2 的渐进方差矩阵如下所示：

$$\text{Asy. Var}(\beta, \rho, \sigma^2) = \begin{bmatrix} \dfrac{X^{*T}X^*}{\sigma^2} & & \\ 0 & T * \text{tr}(\widetilde{\widetilde{W}}\widetilde{\widetilde{W}} + \widetilde{\widetilde{W}}^T \widetilde{\widetilde{W}}) & \\ 0 & \dfrac{T}{\sigma^2}\text{tr}(\widetilde{\widetilde{W}}) & \dfrac{NT}{2\sigma^4} \end{bmatrix} \qquad (16.5)$$

其中，$\widetilde{\widetilde{W}} = W(I_N - \lambda W)^{-1}$。

空间误差模型的固定效应的估计方法与经典的固定效应模型是一致的，如下所示：

$$\mu_i = \frac{1}{T}\sum_{t=1}^{T}(y_{it} - X_{it}\beta)$$

同样的道理，上述方法也适用于时间固定效应的空间误差模型的参数估计。

为了实现固定效应的空间误差模型的回归估计，需要利用埃尔霍斯特（Elhorst）编写的 MATLAB 函数命令：sem_panel_FE。还需要配合使用勒沙杰（LeSage）编写的 sem_parse、sem_eigs、sem_Indet 和 hessian 等 MATLAB 函数命令。

空间面板数据的空间误差模型的函数命令调用方法如下所示：

$$\text{results} = \text{sem\_panel\_FE}(y, x, W, T, \text{info}) \qquad (16.6)$$

其的参数设置同函数命令 sar_panel_FE. m 一致，故此不再赘述。

16.2　随机效应的模型

随机效应的空间误差模型的估计方法要比上述三种空间面板数据模型（固定效应的空间滞后模型、随机效应的空间滞后模型和固定效应的空间误差模型）复杂得多。

随机效应的空间误差模型的对数似然函数（Elhorst，2003）如下所示：

$$\log L = -\frac{NT}{2}\log(2\pi\sigma^2) - \frac{1}{2}\log|V| + (T-1)\sum_{i=1}^{N}\log|B|$$

$$-\frac{1}{2\sigma^2}e^T\left(\frac{1}{T}\iota_T\iota_T^T \otimes v^{-1}\right)e - \frac{1}{2\sigma^2}e^T\left(I_T - \frac{1}{T}\iota_T\iota_T^T\right) \otimes (B^TB)e$$

$$(16.7)$$

其中，$V = T_\varphi I_N + (B^TB)^{-1}$，$B = I_N - \lambda W$，且 $e = Y - X\beta$。φ 与经典随机效应模型和随机效应空间滞后模型中的 θ 是不一样的，这里的 $\varphi = \frac{\sigma_\mu^2}{\sigma^2}$。

由此可见，似然函数包含 V 导致模型估计变得异常复杂。

因此，问题主要集中在如何计算 $\log|V|$ 上。埃尔霍斯特（Elhorst，2003）在格里菲斯和拉戈纳（Griffith and Lagona，1998）的基础之上将 $\log|V|$ 表示为空间权重矩阵 W 的特征根函数，如下所示：

$$\log|V| = \log|T_\varphi I_N + (B^TB)^{-1}| = \sum_{i=1}^{N}\log\left[T_\varphi + \frac{1}{(1-\lambda w_i)^2}\right]$$

此外，埃尔霍斯特（Elhorst，2003）还建议采用转换形式，如下所示：

$$y_{it}^{\circ} = y_{it} - \lambda\sum_{j=1}^{N}w_{ij}y_{it} + \sum_{j=1}^{N}\left\{[p_{ij} - (1-\lambda w_{ij})]\frac{1}{T}\sum_{t=1}^{T}y_{it}\right\} \quad (16.8)$$

同样，它可以对自变量 x_{it} 做相同的转换。式中，p_{ij} 为 $N \times N$ 的矩阵 P 的元素，$P^TP = V^{-1}$，P 是矩阵 V^{-1} 的分解矩阵。$P = \Lambda^{-1/2}R$，R 是一个 $N \times N$ 的矩阵，并且第 i 行是矩阵 V 的特征向量 r_i，而这个特征向量与空间权重矩阵 W 的特征向量是一样的（Griffith and Lagona，1998）。其中，$R = (r_1, r_2, \cdots, r_N)$，而 Λ 为一个 $N \times N$ 的矩阵，这个矩阵的对角元素对应的特征根 $c_i = T_\varphi + 1/(1-\lambda w_i)^2$。

有了上面的转化形式，那么对数似然函数可以简化成如下形式：

$$\log L = -\frac{NT}{2}\log(2\pi\sigma^2) - \frac{1}{2}\log[1 + T_\varphi(1-\lambda w_i)^2]$$

$$+ T\sum_{i=1}^{N}\log(1-\lambda w_i) - \frac{1}{2\sigma^2}e^{\circ T}e^{\circ} \quad (16.9)$$

式（16.9）中，$e^{\circ} = y^{\circ} - X^{\circ}\beta$。

参数 β 和 σ^2 可以通过一阶最大化条件得到。对对数似然函数求一阶偏导，可以得到：

$$\beta = (X^{\circ T}X^{\circ})^{-1}X^{\circ T}y^{\circ}$$

$$\sigma^2 = (y^{\circ} - X^{\circ}\beta)^T(y^{\circ} - X^{\circ}\beta)/NT \quad (16.10)$$

将得到的参数 β 和 σ^2 代入对数似然函数中，那么可以得到参数 λ 和 φ 的集中似然函数，如下所示：

$$\log L = C - \frac{NT}{2}\log[\,e(\lambda,\ \varphi)^{\mathrm{T}}e(\lambda,\ \varphi)\,] - \frac{1}{2}\log[\,1 + T\varphi(1 - \lambda w_i)^2\,]$$

$$+ T\sum_{i=1}^{N}\log(1 - \lambda w_i) \tag{16.11}$$

式（16.11）中，C 是一个与参数 λ 和 φ 无关的常数项。$e(\lambda,\ \varphi)$ 的表示形式如下所示：

$$e(\lambda,\ \varphi) = y_{it} - \lambda\sum_{j=1}^{N}w_{ij}y_{jt} + \sum_{j=1}^{N}\left\{[\,p(\lambda,\ \varphi)_{ij} - (1 - \lambda w_{ij})\,]\frac{1}{T}\sum_{t=1}^{T}y_{jt}\right\}$$

$$- \left[\,x_{it} - \lambda\sum_{j=1}^{N}w_{ij}x_{jt} + \sum_{j=1}^{N}\{[\,p(\lambda,\ \varphi)_{ij} - (1 - \lambda w_{ij})\,]\frac{1}{T}\sum_{t=1}^{T}x_{jt}\}\right]\beta \tag{16.12}$$

使用的符号 $p_{ij} = p(\lambda,\ \varphi)_{ij}$，表明矩阵 P 的元素取决于 λ 和 φ。一方面可以对 β 和 σ^2 进行迭代，另一方面也可以对 λ 和 φ 进行迭代，直到它们收敛。巴尔塔吉等（Baltagi et al.，2007）给出了参数的渐进方差矩阵。但是，有一点不同的是，他们给出的是参数 β、λ、φ_μ 和 σ^2 的渐进方差矩阵，如下所示：

Asy. $\mathrm{Var}(\beta,\lambda,\sigma_\mu^2,\sigma^2) =$

$$\begin{bmatrix} \frac{1}{\sigma^2}X^{\circ\mathrm{T}}X^{\circ} & & & \\ 0 & \frac{T-1}{2}\mathrm{tr}\,(\Gamma)^2 + \frac{1}{2}\mathrm{tr}\,(\sum\Gamma)^2 & & \\ 0 & \frac{T}{2\sigma^2}\mathrm{tr}(\sum\Gamma V^{-1}) & \frac{T^2}{2\sigma^2}\mathrm{tr}\,(V^{-1})^2 & \\ 0 & \frac{T-1}{2\sigma^2}\mathrm{tr}(\Gamma) + \frac{1}{2\sigma^2}\mathrm{tr}\,(\sum\Gamma\sum) & \frac{T}{2\sigma^4}\mathrm{tr}(\sum V^{-1}) & \frac{1}{2\sigma^4}[\,(T-1)N + \mathrm{tr}\,(\sum)^2\,] \end{bmatrix}$$

$$\tag{16.13}$$

式（16.13）中，$\Gamma = (W^{\mathrm{T}}B + B^{\mathrm{T}}W)(B^{\mathrm{T}}B)^{-1}$，且 $\sum = V^{-1}(B^{\mathrm{T}}B)^{-1}$。

由于 $\varphi = \dfrac{\sigma_\mu^2}{\sigma^2}$，则运用下式可以求得 φ 的渐进方差：

$$\mathrm{var}(\varphi) = \theta^2\left[\frac{\mathrm{var}(\sigma_\mu^2)}{(\varphi\sigma^2)^2} + \frac{\mathrm{var}(\sigma^2)}{(\sigma^2)^2} - 2\frac{\mathrm{var}(\sigma_\mu^2,\ \sigma^2)}{(\varphi\sigma^2)\sigma^2}\right] \tag{16.14}$$

为了实现随机效应的空间误差模型的回归估计，需要利用埃尔霍斯特（Elhorst）编写的 MATLAB 函数命令 sem_panel_RE。还需要埃尔霍斯特（Elhorst）编写的 f_respat 和 f2_respat 等 MATLAB 函数命令。

空间面板数据的空间误差模型的函数命令调用方法如下所示：

results = sem_panel_FE(y, x, W, T, info)

其中，参数设置同函数命令 sar_panel_RE. m 一致，故此不再赘述。

第 17 章
空间面板数据模型的选择问题

每一个空间面板数据模型都可能包含空间固定效应、时间固定效应或者空间和时间双固定效应，或者随机效应，甚至不包含固定效应和随机效应，正式归纳如下：

①混合空间面板数据模型（pooled spatial panel data model）；

②空间固定效应的空间面板数据模型（spatial specific fixed effects spatial panel data model）；

③时间固定效应的空间面板数据模型（time-period fixed effects spatial panel data model）；

④空间和时间双固定效应的空间面板数据模型（spatial and time-period fixed effects spatial panel data model）；

⑤随机效应的空间面板数据模型（random effects spatial panel data model）。

在实际研究中面临两个问题：一是选择何种空间面板数据模型。二是选择固定效应还是随机效应。

17.1 固定效应还是随机效应

大量出现的论文强化了空间计量文献的特征：这些论文均采用随机效应模型设定而不是采用固定效应模型，这是一个很重要的分界点。但是对于随机效应模型是否为一个合适的模型设定这一问题仍然没有答案。

在实施随机效应模型之前，必须满足三个条件（Elhorst，2014）：第一，观测单位的个数可以潜在地趋于无穷大。第二，观测值的单位应该是一个更大总体的具有代表性的观测单位。这两个条件在空间研究中是否满足至少是存在争议的。第三，需要作出随机效应 μ_i 与解释变量之间存在零相关的传统假设，通常，这也是一个特定的约束假设。埃尔霍斯特（Elhorst，2014）认为：固定效应模型通常比随机效应模型更合适，因为空间计量经济学家更喜欢使用位于一个连续研究区域中的邻近空间单位的空间—时间数据，例如，一个省的所有县或一个国家的所有地区。使用 1963 ~ 1992 年美国 46 个州的面板数据来解释对香烟的需求，杨等（Yang et al.，2006）采用了一个具有随机效应的动态空间面板数据模型。然而，由于这些州包括了美国几乎所有的州，则固定效应模型可能是一个更好的选择（Elhorst，2005）。

为了检验随机效应 μ_i 和解释变量之间零相关的假设，可以使用 Hausman 设定检验（Baltagi，2005）。这个检验统计量服从卡方分布，其自由度为 K（即模型中除了常数项之外的解释变量的个数）。当模型扩展为包括了空间误差自相关或空间滞后被解释变量时，也可以使用 Hausman 设定检验，它服从自由度为 K + 1 的卡方分布。如果拒绝原假设，就是拒绝了随机效应模型而支持固定效应模型。

此外，我们应对原假设 $H_0: \theta = 0$ 进行检验，来判断是否应拒绝随机效应模型而支持固定效应模型。如果检验结果拒绝了原假设，那么应该选择随机效应。

就实证分析的经验来看，大多数情况下还是选择固定效应比较好。这是因为，在很多情况下，在使用 LR 检验对参数 μ_i 进行联合显著性检验时，通常情况下会拒绝原假设（α 是截距项的平均值）。另外，在实证分析中，通常研究的是一个地区的总体样本，而不是若干个样本。由于研究的是全体样本，因此，应该选择固定效应模型（姜磊，2020）。

实际研究中利用统计检验的方法来判断选择固定效应模型还是随机效应模型。采用的方式是模型对比的方法。具体的思路是（见图 17 - 1）：先计算空间固定效应模型的对数似然值 logliksfe，再计算时间固定效应模型的对数似然值 logliktfe，最后计算空间和时间双固定模型的对数似然值 loglikstfe。然后，利用计算出来的 logliksfe、logliktfe 和 loglikstfe 对数似然值两两结合，构造出似然比统计量，似然比统计量服从 χ^2 分布，最后根据统计量及自由度计算出概率值来判断究竟选择何种模型。

结果中空间固定效应、时间固定效应与空间和时间双固定效应模型的对数似然值，分别为 1.425le + 003、503.8432 和 1.6616e + 003。

则，LR = - 2 × (logliktfe - loglikstfe) = - 2 × (503.8432 - 1.6616e + 003) = 2315.6081，由于截面单元数量为 46，因此，这个似然比统计量服从自由度为 46 的 χ^2 分布。由计算结果可知，概率值为 0.000，这表明在 1% 的显著性水平下拒绝"空间固定效应联合不显著"的原假设。换言之，模型应该考虑空间固定效应。

```
Spatial fixed effects model log -likelihood
logliksfe =1.4251e +003
Time-period fixed effects model log -likelihood
logliktfe =503.8432
Two-way fixed effects model log -likelihood
loglikstfe =1.6616e +003
Joint significance of spatial fixed effects,freedom of degree and
probability =2315.6081,46,0.0000
Joint significance of time-period fixed effects,freedom of degree
and probability =473.0358,30,0.000
```

图 17 −1　固定效应和随机效应的似然比检验示例

同理，LR = $-2 \times$ (logliksfe − loglikstfe) = $-2 \times$ (1.4251e +003 − 1.6616e +003) = 473.0358，由于时间长度为 30 年，因此，这个似然比统计量服从自由度为 30 的 χ^2 分布。由计算结果可知，概率值为 0.000，这表明在 1% 的显著性水平下拒绝"时间固定效应联合不显著"的原假设。换言之，模型应该考虑时间固定效应。结合上述两个统计检验结果可知，模型应该考虑空间和时间双固定效应的空间面板数据模型。

17.2　滞后模型还是误差模型

为了检验横截面数据中的空间交互效应，伯里奇（Burridge，1980）和安瑟林（Anselin，1988）提出了对空间滞后被解释变量和空间误差自相关进行检验的拉格朗日乘子（LM）检验法。安瑟林等（Anselin et al.，1996）也提出了一个稳健的 LM 检验，主要是当局部存在空间误差自相关时对被解释变量空间滞后进行检验以及当局部存在空间滞后被解释变量时对空间误差自相关进行检验。这些检验在实证研究中已经非常流行。最近，安瑟林等（Anselin et al.，2006）也对空间面板模型设定了传统的 LM 检验：

$$\mathrm{LM - lag} = \frac{[\, e^{\mathrm{T}}(I_{\mathrm{T}} \otimes W)\, Y/\hat{\sigma}^2\,]^2}{J}$$

$$\mathrm{LM - error} = \frac{[\, e^{\mathrm{T}}(I_{\mathrm{T}} \otimes W)\, e/\hat{\sigma}^2\,]^2}{T \times T_{\mathrm{W}}} \tag{17.1}$$

其中，e 既可以表示混合面板数据模型的残差向量，换言之，不包含空间固定效应和时间固定效应的混合面板数据模型的残差向量，也可以表示空间固定效应或（和）时间固定效应的空间面板数据模型的残差向量。换言之，在估计完模型之后，利用模型的残差构造出的 LM 统计量被用于判断该模型是空间滞后模型还是空间误差模型。

归纳起来，面板数据的 LM 检验可以用在以下四种空间面板数据模型中：

①混合面板数据模型；

②空间固定效应的面板数据模型；

③时间固定效应的面板数据模型；

④空间和时间双固定效应的面板数据模型。

简而言之，面板数据模型的 LM 检验既可以用在混合面板数据模型之后，也可以用在固定效应的面板数据模型之后。

另外，J 和 Tw 分别定义为：

$$J = \frac{1}{\hat{\sigma}^2} \big[\, (\, (I^T \otimes W) X \, \hat{\beta})^T (I_{NT} - X (X^T X)^{-1} X^T)$$
$$\times (I^T \otimes W) X \, \hat{\beta} + TT_W \hat{\sigma}^2 \, \big] \tag{17.2}$$

$$T_W = tr(WW + W^T W)$$

但是，安瑟林等（Anselin et al.，2008）并没有给出面板数据的稳健性的 LM 检验，而是由埃尔霍斯特（Elhorst，2014）提出了面板数据的稳健性的 LM 检验的统计量，如下所示：

$$robust \; LM - lag = \frac{\big[e^T (I_T \otimes W) Y / \hat{\sigma}^2 - e^T (I_T \otimes W) e / \hat{\sigma}^2 \big]^2}{J - TT_W} \tag{17.3}$$

$$robust \; LM - error = \frac{\big[e^T (I_T \otimes W) e / \hat{\sigma}^2 - TT_W / J \times e^T (I_T \otimes W) Y / \hat{\sigma}^2 \big]^2}{TT_W \big[1 - TT_W / J \big]}$$
$$\tag{17.4}$$

LM 检验和稳健性的 LM 检验服从自由度为 1 的 χ^2 分布。

要保持模型设定的统一性。如果在 LM 检验中选择的是不包含固定效应的混合面板数据模型，那么，根据 LM 检验的结果，也要选择不包含固定效应的空间滞后模型或者不包含固定效应的空间误差模型。如果选择的是包含固定效应的面板数据模型，那么，根据 LM 检验的结果，也要选择固定效应的空间滞后模型或者固定效应的空间误差模型。

当也考虑时间固定效应时，实证研究者经常发现支持空间交互效应的微弱的证据。其解释就是：在随着时间变化而进行的全国演进中，许多变量在不同的空间单位之间都是共同增加或减少的。大量的例子就是劳动力参与率和失业率在经济周期中的演进过程（Elhorst，2008b；Zeilstra and Elhorst，2012）。最有可能的解释是：模型中的大多数变量在不同的空间单元中与整个地区同时变化，要么同时提高，要么同时降低。尽管如此，根据实证分析来看，除了要考虑空间固定效应，也需要在空间面板数据模型中考虑时间固定效应。

除了时间固定效应之外，如果空间误差项带有一个具有零对角线元素的空间权重矩阵，则这种空间效应的作用最终就会自动下降。运用蒙特卡罗实验，李和余（Lee and Yu，2010b）证明，忽略时间固定效应会导致空间滞后模型中系数有一个较大的向上偏误（最高到 0.45）。

实现 LM 检验的 MATLAB 代码采用的是埃尔霍斯特（Elhorst）编写的函数命令 LMsarsem_panel. m。根据固定效应的种类，空间面板数据模型分为 4 种类型，针对这 4 种模型实现 LM 检验所用函数形式略有不同（见表17 - 1）。

表 17 - 1　　　　　　　　　4 种模型实现 LM 检验所用函数形式

空间面板数据模型类型	检验函数
无固定效应模型	LMsarsem_panel（results，W，y，［xconstant x]）
空间固定效应的空间面板数据模型	LMsarsem_panel（results，W，y，x）
时间固定效应的空间面板数据模型	
时间双固定效应的空间面板数据模型	

除了对具体的空间计量模型进行讨论外，已有的空间计量分析文献是采用从具体到一般的建模方法，还是从一般到具体的建模方法，不同的空间计量分析学者是存在分歧的（详见 Florax et al.，2003；Mur and Angulo，2009）。

可以使用综合这两种方法的检验程序：首先估计非空间计量模型来检验它是否存在空间滞后或者是空间误差模型（从具体到一般的建模方法）；在拒绝非空间面板的条件下，再估计空间杜宾模型来检验其可否简化成空间滞后或空间误差模型（从一般到具体的建模方法）。如果两个检验均指向要么是空间滞后模型要么是空间误差模型，则可以很放心地认为这个模型更好拟合数据；相反，如果拒绝非空间模型而接受空间滞后模型或者空间误差模型而不拒绝空间杜宾模型，则次好的方法是采用这种更为一般化的模型。

17.3　拟合优度

在经典的计量经济学模型中，判断模型优劣或者模型的解释力度的一个指标就是拟合优度。然而，在空间面板数据模型中，计算拟合优度是非常困难的，这是由于很难给出一个像 OLS 模型中的拟合优度 R^2 那样精确的适合空间面板数据模型的拟合优度。但是，大多数实证分析采用的是下面的拟合优度指标（Elhorst，2014）：

$$R^2(e, \Omega) = 1 - \frac{e^T \Omega e}{(Y - \overline{Y})^T (Y - \overline{Y})} \quad\quad (17.5)$$

或者，可采用下面的拟合优度指标：

$$R^2(\tilde{e}) = 1 - \frac{\tilde{e}^T \tilde{e}}{(Y - \overline{Y})^T (Y - \overline{Y})} \quad\quad (17.6)$$

其中，$\overline{Y}$ 表示因变量 Y 的均值；e 表示模型估计后的残差。$e^T \Omega e$ 表示残差平方和，$\tilde{e}^T \tilde{e}$ 表示转换后模型的残差平方和，两者还可以进行相互替换。

如果采用拟合优度 $R^2(\tilde{e})$，那么它与 OLS 模型中的拟合优度 R^2 解释是一样的，数值越大，表示模型拟合得越好。但是，这个拟合优度存在一个问题，就是当增加变量或者减少变量时不能保证 R^2 的增大或者变小。这与 OLS 模型中的 R^2 遇到的问题是一样的。

为了解决这个问题，维贝克（Verbeek，2008）提出一种测度拟合优度的统计量，即为真实值和拟合值的相关系数的平方（squared correlation coefficient）。该统计量如下所示：

$$\text{corr}^2(Y, \hat{Y}) = \frac{[(Y - \overline{Y})^T (\hat{Y} - \overline{Y})]^2}{[(Y - \overline{Y})^T (Y - \overline{Y})][(\hat{Y} - \overline{Y})^T (\hat{Y} - \overline{Y})]} \quad (17.7)$$

式（17.7）中，$\hat{Y}$ 为 $NT \times 1$ 的拟合值的向量。

与 R^2 不同，这种拟合优度的度量方法忽略了由空间固定效应所解释的变化。参数就是，选择固定效应模型中 β 的估计量来解释数据中的时间序列成分而不是横截面成分。此外，用空间固定效应来捕捉而不是解释空间单位之间的差异（Verbeek，2000）。这也是经常不能计算空间固定效应的原因，更不用说报告空间固定效应了。R^2 和 corr^2 之间的差异说明多少变化可以用固定效应来解释，在很多情况下固定效应是巨大的。类似这种类型的参数也适用于空间随机效应。

另一个困难就是如何处理空间滞后被解释变量。如果空间滞后被视为一个有助于解释被解释变量变化的解释变量，就应该使用第一种拟合优度的度量方法（R^2）。相反，如果空间滞后被解释变量不能视为有助于解释被解释变量的变化，应该使用第二种拟合优度的度量方法（corr^2）。

不同的空间面板数据模型的这两种拟合优度的度量方法见表 17-2。它说明：在具有固定效应和随机效应的空间滞后模型中，当计算实际值和拟合值之间相关系数的平方时，不仅忽略了空间滞后被解释变量，也忽略了空间固定效应或随机效应。

表 17 – 2　　　　　　　**4 种空间面板模型的 R^2 和 $corr^2$ 的度量方法**

不同的模型	R^2 和 $corr^2$	拟合优度表达式
固定效应的 SAR	$R^2(e, I_N)$	$e = Y - \hat{\rho}(I_T \otimes W)Y - X\hat{\beta} - (\tau_T \otimes I_N)\hat{\mu}$
	$corr^2$	$corr^2(Y^*, [I_{NT} - \hat{\rho}(I_T \otimes W)]^{-1}X^*\hat{\beta})$
固定效应的 SEM	$R^2(\tilde{e})$	$\tilde{e} = Y - \hat{\lambda}(I_T \otimes W)Y - [X - \hat{\lambda}(I_T \otimes W)X]\hat{\beta} - (\tau_T \otimes I_N)\hat{\mu}$
	$corr^2$	$corr^2(Y^*, X^*\hat{\beta})$
随机效应的 SAR	$R^2(\tilde{e})$	$\tilde{e} = Y^{\cdot} - \hat{\rho}(I_T \otimes W)Y^{\cdot} - X^{\cdot}\hat{\beta}$
	$corr^2$	$corr^2(Y^*, [I_{NT} - \hat{\rho}(I_T \otimes W)]^{-1}X\hat{\beta})$
随机效应的 SEM	$R^2(\tilde{e})$	$\tilde{e} = Y^{\circ} - X^{\circ}\hat{\beta}$
	$corr^2$	$corr^2(Y, X\hat{\beta})$

　　R 和相关系数平方的计算已经被包含在空间面板数据模型的函数命令中。这两种拟合优度会在空间面板数据模型回归估计的结果中一并报告出。

第 18 章
空间面板杜宾模型和空间面板杜宾误差模型

18.1 空间面板杜宾模型

存在空间特质效应的空间面板杜宾模型设定如下所示：

$$y_{it} = \rho \sum_{j=1}^{N} w_{ij} y_{it} + X_{it}\beta + WX_{it}\theta + \mu_i + \varepsilon_{it} \qquad (18.1)$$

如果 μ_i 是空间固定效应，那么就称之为固定效应的空间面板杜宾模型。如果 μ_i 是随机效应，那么就称之为随机效应的空间面板杜宾模型。

因为加入的 WX_{it} 可以视为一般的变量来处理，所以，相关的估计的方法与空间面板滞后模型类似，故在此不赘述。

实现空间面板杜宾模型的回归估计的函数命令依然采用的是埃尔霍斯特（Elhorst）编写的估计空间滞后模型的 MATLAB 函数命令：

①sar_panel_FE：估计固定效应的空间杜宾模型。额外需要的函数命令和相应的参数也与空间面板滞后模型相同。

②sar_panel_RE：估计随机效应的空间杜宾模型。额外需要的函数命令和相应的参数也与空间面板滞后模型相同。

然而，估计空间杜宾模型与估计空间滞后模型略有不同，唯一的区别在于输入参数时需要设定自变量空间滞后项 WX，函数命令的调用方式如下所示：

results = sar_panel_FE(y, [x wx], W, T, info)

其中，输入参数中的"WX"就表示自变量空间滞后项。因此，在程序代码中也要包含生成自变量空间滞后项"WX"的代码。

18.2　空间面板杜宾模型的简化

从模型之间联系来看空间杜宾模型可能简化为空间滞后模型，或者简化为空间误差模型。这是由埃尔霍斯特（Elhorst，2012b）提出的假设检验。在实证分析中，如果选择了空间杜宾模型，那么就需要检验是否可以简化为空间滞后模型或者空间误差模型。实际上，如果 LM 检验或者稳健性的 LM 检验结果拒绝 OLS 模型，而无法拒绝空间滞后模型或者空间误差模型，甚至无法同时拒绝这两种空间计量模型时，那么就需要考虑空间杜宾模型。

检验空间杜宾模型是否可以简化为空间滞后模型或者空间误差模型主要依赖于检验参数，原假设为 $H_0: \theta = 0$ 和 $H_0: \theta + \rho\beta = 0$。由于这些空间计量模型使用的是极大似然方法来进行估计，因此，很自然地可以想到使用似然比检验（likelihood ratio test，LR 检验）来检验两个原假设。第一个原假设是空间杜宾模型可以简化为空间滞后模型，而第二个原假设是空间杜宾模型可以简化为空间误差模型。似然比检验的统计量为两个模型的对数似然值之差，这个统计量服从自由度为 k 的 χ^2 分布。统计量如下所示：

$$D = -2\frac{\text{likelihood}_0}{\text{likelihood}_1} = -2 \times \left[\log(\text{likelihood}_0) - \log(\text{likelihood}_1)\right]$$

(18.2)

其中，$\log(\text{likelihood}_0)$ 是原模型的对数似然值；$\log(\text{likelihood}_1)$ 是备选模型的对数似然值。

如果两个原假设"空间杜宾模型可以简化为空间滞后模型"以及"空间杜宾模型可以简化为空间误差模型"都被拒绝，那么就要选择空间杜宾模型。相反，如果无法拒绝"空间杜宾模型可以简化为空间滞后模型"的原假设，那么应该选择空间滞后模型，并且拉格朗日乘子检验也指向空间滞后模型；如果无法拒绝"空间杜宾模型可以简化为空间误差模型"的原假设，那么应该选择空间误差模型，并且拉格朗日乘子检验也指向空间误差模型。

但是，如果不能满足这些条件的话，比如说 LM 检验或者稳健性的 LM 检验指向的模型和 LR 检验结果相冲突，埃尔霍斯特（Elhorst，2010a）认为就应该考虑空间杜宾模型。这是因为相比空间滞后模型和空间误差模型来说，空间杜宾模型更为适用于一般情况。如果拉格朗日乘子检验或者稳健性的拉格朗日乘子检验都无法指向空间滞后模型和空间误差模型，也不应该放弃估计这两种模型。这是因为很有可能空间自回归系数 ρ 和（或）空间自相关系数 λ 仍然显著，所以可能结论再次指向空间滞后模型或者空间误差模型，或者同时指向这两种模型，这时仍然应该考虑空间杜宾模型。

还有另一种特殊情况存在，即如果估计的 OLS 模型不能被拒绝，同时指向空间滞后模型和空间误差模型，那么就应该考虑重新估计这个 OLS 模型，具体来说就是添加自变量的空间滞后项 WX，或者部分自变量的空间滞后项，然后通过似然比检验来判断原假设 $H_0 : \theta = 0$。如果无法拒绝这个原假设，那么 OLS 模型应该是最好的模型。埃尔霍斯特（Elhorst，2010a）认为，对于实证检验来说，没有经验表明应该添加哪一种空间交互项，更多的是去尝试，或者凭实证经验去判断。

此外，如果原假设"空间杜宾模型可以简化为空间滞后模型"被拒绝，那么结论是否就支持空间杜宾模型呢？这也需要检验 $H_0 : \theta = 0$ 的原假设是否被拒绝。如果拒绝了 $H_0 : \theta + \rho\beta = 0$ 的原假设，那么空间杜宾模型就成为最适合的模型。反之，自变量的空间滞后项的模型则应该成为重点考虑的模型。总而言之，在选择模型的时候，始终不要忽略考虑因变量的空间滞后项和自变量的空间滞后项。

另外，除了 LR 检验之外，埃尔霍斯特（Elhorst，2012b）还提出了 Wald 检验来判断这两个原假设，即"空间杜宾模型可以简化为空间滞后模型"和"空间杜宾模型可以简化为空间误差模型"。

18.3 空间面板杜宾误差模型

存在空间特质效应的空间面板杜宾误差模型设定如下所示：

$$y_{it} = X_{it}\beta + WX_{it}\theta + \mu_i + \varepsilon_{it} \tag{18.3}$$

$$\varepsilon_{it} = \lambda W\varepsilon_{it} + v_{it} \tag{18.4}$$

如果 μ_i 是空间固定效应，那么就称之为固定效应的空间面板杜宾误差模型。如果 μ_i 是随机效应，那么就称之为随机效应的空间面板杜宾误差模型。

实现空间面板杜宾模型的回归估计的函数命令依然采用的是埃尔霍斯特（Elhorst）编写的估计空间滞后模型的 MATLAB 函数命令：

①sem_panel_FE：估计固定效应的空间杜宾误差模型。额外需要的函数命令和相应的参数也与空间面板误差模型相同。

②sem_panel_RE：估计随机效应的空间杜宾误差模型。额外需要的函数命令和相应的参数也与空间面板误差模型相同。

然而，估计空间杜宾误差模型与估计空间误差模型略有不同，唯一的区别在于输入参数时需要设定自变量空间滞后项 WX，函数命令的调用方式如下所示：

$$results = sem\_panel\_FE(y, [x\ wx], W, T, info)$$

其中，输入参数中的"WX"就表示自变量空间滞后项。因此，在程序代码中也要包含生成自变量空间滞后项"WX"的代码。

第 19 章
直接效应和间接效应

类似于勒沙杰和佩斯（LeSage and Pace，2009）提出的截面数据的空间计量模型的直接效应和间接效应，在空间面板数据的情况下，空间计量模型也可以计算自变量的直接效应和间接效应。需要计算自变量直接效应和间接效应的有空间滞后模型和空间杜宾模型。空间误差模型和空间杜宾误差模型不需要计算，自变量系数即是直接效应，自变量空间滞后项系数即是间接效应。

19.1 空间面板滞后模型直接效应和间接效应

空间面板滞后模型自变量的直接效应和间接效应的计算主要有两种函数命令。一个是由埃尔霍斯特（Elhorst）编写的 direct_indirect_effects_estimates. m 函数命令。其调用方式如下所示：

direct_indirect_effects_estimates(results，W，spat_model)

其中，"results"表示模型估计的结果；"W"表示空间权重矩阵。该函数可以实现空间面板数据的空间滞后模型和空间杜宾模型的直接效应、间接效应和总效应的计算，模型的类别在参数"spat_model"处设定即可。其中，spat_model = 0 表示空间滞后模型，spat_model = 1 表示空间杜宾模型。

另一个是由拉孔贝（Lacombe）编写的"panel_effects_sar. m"函数命令。其调用方式如下所示：

panel_effects_sar(results，vnames，W)

其中，results 表示模型估计的结果，vnames 表示自变量名称，"W"表示空间权重矩阵。该函数只能够实现空间面板数据的空间滞后模型的直接

效应、间接效应和总效应的计算。而空间面板数据的空间杜宾模型的直接
效应、间接效应和总效应的计算则是由拉孔贝（Lacombe）编写的另外一个
函数命令"panel_effects_sdm. m"来实现。由函数命令的结尾"sar"和
"sdm"就可以分辨出这两个函数命令的差异。总之，埃尔霍斯特（Elhorst）
编写的命令通过控制参数来选择模型，拉孔贝（Lacombe）则是编写了不同
的函数命令。

空间面板数据的空间滞后模型按照是否为固定效应模型可以分为 4 种
模型，如下所示：

①混合空间滞后模型；

②空间固定效应的空间滞后模型；

③时间固定效应的空间滞后模型；

④空间和时间双固定效应的空间滞后模型。

由于埃尔霍斯特（Elhorst）编写的函数命令与拉孔贝（Lacombe）编写
的函数命令所计算出来的结果略有差别，并且格式也不同，因此，本书将
列出两种计算结果。

无固定效应的空间面板数据滞后模型的自变量的直接效应、间接效应
和总效应主要用到以下 5 行 MATLAB 程序代码：

```
Info. model = 0
results = sar_panel_FE(y,[xconstant x],W,T,info)
spat_model = 0
direct_indirect_effects__estimates(results,W,spat_model)
panel_effects_sar(results,vnames,W)
```

第 1 行用于设置模型为无固定效应的模型（如果想要估计空间固定效
应、时间固定效应与空间和时间双固定效应的空间滞后模型的直接效应和
间接效应，只需控制参数"info. model"即可，其中："info. model = 1"表
示估计空间固定效应的空间滞后模型；"info. model = 2"表示估计时间固定
效应的空间滞后模型；"info. model = 3"表示估计空间和时间双固定效应的
空间滞后模型），第 2 行用于估计空间面板数据滞后模型，第 3 行的意义表
示空间滞后模型，第 4 行是埃尔霍斯特（Elhorst）编写的函数命令，第 5
行是拉孔贝（Lacombe）编写的函数命令。

埃尔霍斯特（Elhorst）编写的函数命令的执行结果如下：

direct	t-stat	indirect	t-stat	total	t-stat
ans =					
− 0. 7656	− 20. 1492	− 0. 1727	− 5. 7660	− 0. 9384	− 22. 3295
0. 2557	10. 4070	0. 0577	5. 0989	0. 3135	10. 5085

拉孔贝（Lacombe）编写的函数命令的执行结果如下：

Direct	Coefficient	t-stat	t-prob	lower	Upper 99
logp	− 0. 765062	− 19. 787333	0. 000000	− 0. 839408	− 0. 687553
logy	0. 255915	10. 407533	0. 000000	0. 205282	0. 302122
Indirect	Coefficient	t-stat	t-prob	lower	Upper 99
logp	− 0. 175400	− 50945831	0. 000000	− 0. 238129	− 0. 118981
logy	0. 058711	5. 229810	0. 000004	0. 037208	0. 081829
Total	Coefficient	t-stat	t-prob	lower	Upper 99
logp	− 0. 940462	− 22. 318917	0. 000000	− 1. 023707	− 0. 858000
logy	0. 314627	10. 553576	0. 000000	0. 253994	0. 369668

从总体排版格式来看，埃尔霍斯特（Elhorst）的方法列出的结果较为简洁。其中，结果只包含估计的自变量直接效应、间接效应和总效应的系数和 t 统计量，并没有报告出概率值。不过，由 t 分布表可知，当样本趋于无穷大的时候，5% 置信水平的临界值为 1.96。由上述结果可知，所有的 t 统计量的绝对值均远远大于 1.96，因此，均在 5% 的显著性水平下强烈地拒绝了原假设。拉孔贝（Lacombe）的方法列出的结果较为丰富，从结果来看，不仅包括了自变量直接效应、间接效应和总效应的系数和小统计量，还包括了概率值和置信区间。对比两个函数命令计算的结果，可以发现两者之间的差别几乎可以忽略不计。

19.2　空间面板杜宾模型直接效应和间接效应

无固定效应的空间面板数据杜宾模型的自变量的直接效应、间接效应和总效应主要用到以下 5 行 MATLAB 程序代码：

```
Info.model = 0
results = sar_panel_FE(y,[xconstant x wx],W,T,info)
spat_model = 1
direct_indirect_effects__estimates(results,W,spat_model)
panel_effects_sar(results,vnames,W)
```

　　第 1 行用于设置模型为无固定效应的模型（如果想要估计空间固定效应、时间固定效应与空间和时间双固定效应的空间滞后模型的直接效应和间接效应，只需控制参数"info.model"即可，其中："info.model = 1"表示估计空间固定效应的空间滞后模型；"info.model = 2"表示估计时间固定效应的空间滞后模型；"info.model = 3"表示估计空间和时间双固定效应的空间滞后模型），第 2 行用于估计空间面板数据杜宾模型，第 3 行的意义表示空间杜宾模型，第 4 行是埃尔霍斯特（Elhorst）编写的函数命令，第 5 行是拉孔贝（Lacombe）编写的函数命令。注意，第 2 行的行数参数中加入了自变量空间滞后项 wx。

第 20 章
高级空间面板数据模型

本章介绍的较为复杂的空间面板数据模型主要是通用空间面板数据模型和通用嵌套空间面板数据模型。

20.1 通用空间面板数据模型

前面介绍了包含因变量空间滞后项和空间自相关误差项的模型，也就是 SAC 空间模型。在空间面板数据下也存在这样的空间回归模型设定。为了区分截面数据情况下与截面数据情况下的通用空间模型，给空间面板数据下包含因变量空间滞后项和空间自相关误差项的模型命名为：通用空间面板数据模型（general spatial panel model，GSPM）。通用空间面板数据模型在实证分析中极为少见。

通用空间面板数据模型也存在固定效应和随机效应。因此，该模型设定如下所示：

$$y_{it} = \rho W_1 y_{it} + X_{it}\beta + \mu_i + \gamma_t + \varepsilon_{it}$$
$$\varepsilon_{it} = \lambda W_2 \varepsilon_{it} + v_{it}$$

(20.1)

相关系数含义与前述相同。

注意：在实证分析中，W_1 和 W_2 可以是相同的空间权重矩阵，也可以是不同的空间权重矩阵。

MATLAB 空间计量经济学工具箱中没有包含能够估计通用空间面板数据模型的 MATLAB 函数命令，但埃尔霍斯特（Elhorst）在网站上提供了 MATLAB 函数命令。估计固定效应的通用空间面板数据模型的 MATLAB 函数命令为：sac_panel_FE。它与截面数据的 SAC 空间模型估计的函数命令极为类似。但是，该命令在调入参数时暂时不支持不同空间权重矩阵的设定，即，在输入参数时只能指定一个空间权重矩阵 W。

该函数命令的调用语法如下所示：

$$results = sac\_panel\_FE(y, x, W, T, info)$$

输入参数具体的设定与前面的类似。

另外，由于通用空间面板数据模型包含因变量空间滞后项，需要计算自变量的直接效应和间接效应，因此，在估计通用空间面板数据模型后，添加计算自变量的直接效应和间接效应的命令。并且，由于拉孔贝（Lacombe）计算直接效应和间接效应的函数命令不支持 sac_panel_FE. m 函数命令，因此，只选用埃尔霍斯特（Elhorst）的计算自变量的直接效应和间接效应的函数命令。

通用空间面板数据模型按照是否为固定效应模型可以分为 4 种模型：

①无固定效应的一般空间面板数据模型；

②空间固定效应的一般空间面板数据模型；

③时间固定效应的一般空间面板数据模型；

④空间和时间双固定效应的一般空间面板数据模型。

这 4 种模型的选择主要在于 info. model 参数的设置。它的设置含义与前面的空间面板模型的设置含义一致。

20.2　通用嵌套空间面板数据模型

沿着通用空间面板数据模型的思路，可以考虑在模型中添加自变量空间滞后项，于是就演变为另一种模型设定形式。在截面数据中，称这种模型为通用嵌套空间模型，由于现在讨论的是空间面板数据的情况，因此，可以称这种模型为通用嵌套空间面板数据模型。埃尔霍斯特（Elhorst）给出了一个更为简短的名称，称这个模型为完全模型（full model）。一般空间面板数据模型在实证分析中极为少见。

通用嵌套空间面板数据模型也存在固定效应和随机效应。因此，该模型设定如下所示：

$$
\begin{aligned}
y_{it} &= \rho W_1 y_{it} + X_{it}\beta + W_2 X_{it}\theta + \mu_i + \gamma_t + \varepsilon_{it} \\
\varepsilon_{it} &= \lambda W_3 \varepsilon_{it} + v_{it}
\end{aligned}
\tag{20.2}
$$

其中的参数的含义与前述相同。注意：在实证分析中，W_1、W_2 和 W_3 可以是相同的空间权重矩阵，也可以是不同的空间权重矩阵。

估计通用嵌套空间面板数据模型的 MATLAB 函数命令依然是埃尔霍斯特（Elhorst）编写的"sac_panel_FE. m"函数命令。唯一的区别在于在输入的变量和自变量中添加 WX 项。

该函数命令的调用语法如下所示：

$$results = sac\_panel\_FE(y, \ x, \ W, \ T, \ info)$$

输入参数具体的设定与前面的类似。

另外，由于通用嵌套空间面板数据模型包含因变量空间滞后项，需要计算自变量的直接效应和间接效应，因此，在估计通用嵌套空间面板数据模型后，添加计算自变量的直接效应和间接效应的命令。并且，由于拉孔贝（Lacombe）计算直接效应和间接效应的函数命令不支持 sac_panel_FE. m 函数命令，因此，只选用埃尔霍斯特（Elhorst）的计算自变量的直接效应和间接效应的函数命令。

通用嵌套空间面板数据模型按照是否为固定效应模型可以分为 4 种模型：

①无固定效应的通用嵌套空间面板数据模型；

②空间固定效应的通用嵌套空间面板数据模型；

③时间固定效应的通用嵌套空间面板数据模型；

④空间和时间双固定效应的通用嵌套空间面板数据模型。

这 4 种模型的选择主要在于 info. model 参数的设置。它的设置含义与前面的空间面板模型的设置含义一致。

第5篇　动态空间面板数据模型

第 21 章

基本动态空间面板数据模型

在前面的空间计量模型中，只包含了空间滞后，比如因变量空间滞后项 Wy、自变量空间滞后项 WX 以及空间自相关误差项 Wε。

由于空间面板数据还包含了时间维度的信息，因此，在空间面板数据模型中考虑时间滞后项，空间面板数据模型就变成了一种新的空间计量经济学模型——动态空间面板数据模型（dynamic spatial panel data model）。

对动态空间面板数据模型的设定和估计进行总结，在理想条件下，空间和时间中的动态模型应该能够处理以下问题：①每个空间单位不同时间的观测值之间存在的序列依赖；②每个时间点上的观测值之间存在的空间依赖；③不可观测的特定空间和/或特定时间效应；④一个或更多的解释变量存在的内生性而不仅仅是被解释变量在空间和/或时间上的滞后项存在的内生性。第一个问题是大量时间序列计量经济学研究的领域（Hamilton，1994；Enders，1995；Hendry，1995），第二个问题是空间计量经济学研究的领域（Anselin，1988；Anselin et al.，2008；LeSage and Pace，2009），最后两个问题是空间面板数据计量经济学研究的领域（Hsiao，2003；Arrelano，2003；Baltagi，2005），仅在这些领域中的几本著名的教材中被提及。

在 2000 年以前，只有少数学者关注动态空间面板数据模型的设定和估计。21 世纪伊始，并没有对动态空间面板数据模型进行直接估计的程序，这是因为：当把这些方法/模型综合在一起时，用于动态但非空间的面板数据模型或空间但非动态的面板数据模型的估计程序所得到的估计是有偏的。此后，逐渐有学者开始涉足这一领域。例如，埃尔霍斯特（Elhorst，2005）、于等（Yu et al.，2008）就开始对动态空间面板数据模型进行探索。近年来，动态空间面板数据模型受到了广泛的关注，越来越多地应用在实证分析和研究中。

21.1 基本动态空间面板数据模型设定

动态空间面板数据模型更具复杂性，主要表现在时间滞后方面，尤其是时空联立的滞后项。具体来说，在动态空间面板数据模型中，既可以包含空间滞后项（Wy_{it}），又可以包含时间滞后项（y_{it-1}），还可以同时包含时空联立滞后项（Wy_{it-1}），因此动态空间面板数据模型的设定十分复杂。

动态空间面板数据模型主要可以分为以下 3 种类型：因变量时间滞后和空间滞后、因变量时空双滞后和因变量与自变量时空双滞后。

（1）因变量时间滞后和空间滞后。

首先考虑的是包含因变量时间滞后项与空间滞后项的模型，模型的设定如下所示：

$$y_{it} = \tau y_{it-1} + \rho Wy_{it} + X_{it}\beta + \mu_i + \gamma_t + \varepsilon_{it} \tag{21.1}$$

其中，y_{it-1} 表示因变量时间滞后项，Wy_{it} 表示因变量空间滞后项。

（2）因变量时空双滞后。

由上述模型设定可知，模型中可以包含时空联立滞后项，那么模型的设定如下所示：

$$y_{it} = \tau y_{it-1} + \rho Wy_{it} + \delta Wy_{it-1} + X_{it}\beta + \mu_i + \gamma_t + \varepsilon_{it} \tag{21.2}$$

其中，Wy_{it-1} 表示因变量时空联立滞后项。

（3）因变量与自变量时空双滞后。

由因变量的时空联立滞后项也可以联想到自变量同样存在时空联立滞后项，那么模型的设定可以如下所示：

$$y_{it} = \tau y_{it-1} + \rho Wy_{it} + \delta Wy_{it-1} + X_{it}\beta_1 + WX_{it}\beta_2 + WX_{it-1}\beta_3 + \mu_i + \gamma_t + \varepsilon_{it} \tag{21.3}$$

其中，WX_{it-1} 表示自变量时空联立滞后项。

由于上述模型包含自变量空间滞后项，同时也有时间维度的动态项，联合起来可以称这个模型为动态空间杜宾模型（Debarsy et al.，2012）。

上面以空间滞后模型为基础阐述了三种最为常见的动态空间面板数据模型的设定形式。类似地，也可以采用空间误差模型的形式对上述模型继续补充。

由于上述模型包含 μ_i 和 γ_t，因此，上述每一种模型设定又可以继续细分为固定效应模型和随机效应模型。

注意：上面 3 种模型只考虑了时间和空间滞后一期的情况。由于时间可以滞后多期，空间滞后也可以存在高阶空间滞后项，因此上述模型也可以继续相应地改写或扩展。

（4）广义的动态面板数据模型。

对于每一个研究领域来说，针对每个研究者遇到的不同实际问题都可以给出合适的模型设定。这是因为，在实证分析中，经常会从实际问题出发来考虑模型的设定形式。例如，考虑时间滞后几期，是否选择高阶空间滞后项等。这些都是较为简单的扩展。

由通用嵌套空间模型的设定可知，动态空间面板数据模型的设定也应该存在一般形式。一个广义上的动态空间面板有助于理解这种空间－时间数据模型（space-time data model）。当把时间 t 上的横截面观测值写成向量的形式时，就是最为一般的模型。埃尔霍斯特（Elhorst，2012a）归纳总结了动态空间面板数据模型的最一般模型。广义的动态空间面板数据模型可以描述如下：

$$Y_t = \tau Y_{t-1} + \delta WY_t + \eta WY_{i-1} + X_i\beta_1 + WX_t\beta_2 + X_{t-1}\beta_3 + WX_{t-1}\beta_4 + Z_t\pi + v_t$$
$$v_t = \rho v_{t-1} + \lambda Wv_t + \mu + \xi_t\iota_N + \varepsilon_t$$
$$\mu = \kappa W\mu + \zeta \tag{21.4}$$

其中，Y_t 是一个 $N \times 1$ 的向量，由时间 t（$t = 1$，$\cdots$，T）上的样本中每个空间单位（$i = 1$，$\cdots$，N）的被解释变量的一个观测值所构成；X_t 是 $N \times K$ 的外生解释变量矩阵；Z_t 是 $N \times L$ 的内生解释变量矩阵。带有下标 $t-1$ 的向量或矩阵是其序列滞后值，前面乘以 W 的向量或者矩阵是其空间滞后值。$N \times N$ 的矩阵 W 是一个非负的已知常数的矩阵，用来描述样本中空间观测单位的空间依赖关系安排。假设其对角线元素为零，因为没有一个空间观测单位可以视其为自己的邻居。参数 τ、参数 δ 和参数 η 分别为被解释变量在时间上的滞后值 Y_{t-1}、被解释变量在空间上的滞后值 WY_t 以及被解释变量在空间和时间上的滞后值 WY_{t-1} 的响应参数。为了获得一个平稳的模型而对这些参数和 W 施加的约束将在下一节讨论。$K \times 1$ 的向量 β_1、向量 β_2、向量 β_3 和向量 β_4 分别是外生解释变量的响应参数，且 π 是模型中内生解释变量的 $L \times 1$ 的响应参数向量。

$N \times 1$ 的向量 v_t 反映了模型中误差项的设定形式，假设它存在序列相关且存在空间相关；ρ 是序列相关的系数；λ 是空间自相关的系数。与第 1 个方程相反，误差项在空间和时间上的滞后值 Wv_{t-1} 不包含在第 2 个方程中，因为它在文献中并不常见。$N \times 1$ 的向量 $\mu = (\mu_1，\mu_2，\cdots，\mu_N)^T$ 包含了特定的空间效应 μ_i 且这意味着它可以控制所有特定空间效应以及非时变变量（省略这些变量会导致典型的横截面模型估计存在偏误）（Baltagi，2005）。类似地，ξ_t（$t = 1$，2，$\cdots$，T）是特定的时间效应，其中 ι_N 是一个 $N \times 1$ 且元素值为 1 的向量，这意味着它控制了所有的特定时间效应和非空间单位变化的变量（省略这些变量会导致典型的时间序列模型估计存在偏误）。可以把这些空间和时间上的特定效应视为固定的或者随机的效应。此外可以把这空间固定效应假设为空间自相关的,其自相关系数为 κ。最后,$\varepsilon_t = (\varepsilon_{1t}, \varepsilon_{2t}, \cdots, \varepsilon_{Nt})^T$ 和 ξ 都是服从 i.i.d. 分布的干扰项的向量,其元素的均值为零且有限方差分别为 σ^2 和 σ_ξ^2。

对有关动态空间面板数据模型的设定和估计进行总结,被扩展的有关空间面板模型的一系列模型包括以下的一个或更多的变量和/或误差项:被解释变量在时间上的滞后项、被解释变量在空间上的滞后项、被解释变量在空间和时间上的滞后项、解释变量在空间上的滞后项、解释变量在时间上的滞后项、解释变量在空间和时间上的滞后项、序列误差自相关、空间误差自相关、特定的空间效应和特定的时间效应(Elhorst,2014)。

21.2　可 行 模 型

图 21-1 说明了计量经济学文献中被广泛讨论的两种回归方程:没有空间互动效应的动态模型和没有动态效应的空间模型。简要讨论这两种模型之后,我们将研究空间和时间上的动态模型的分类。

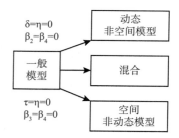

图 21-1　忽略空间效应或动态效应的两种可行模型

对于动态非空间模型的设定:当 $\beta_3 \neq 0$ 时,X_{t-1} 是解释变量;当 $\pi \neq 0$ 时,存在内生解释变量;当 $\gamma \neq 0$ 时,存在序列相关。

对于空间非动态模型的设定:当 $\beta_3 \neq 0$ 时,WX_t 是解释变量;当 $\pi \neq 0$ 时,存在内生解释变量;当 $\lambda \neq 0$ 时,存在空间相关;当 $\kappa \neq 0$ 时,存在空间相关的特定效应。

21.2.1　动态但非空间的面板数据模型

如果把特定的空间效应 μ 视为固定效应,则可以用最小二乘虚拟变量

（LSDV）估计量来估计不具备空间交互效应和不具备动态效应的面板数据模型；如果把特定的空间效应 μ 视为随机效应（Hsiao，2003；Baltagi，2005），则可以用广义最小二乘（GLS）估计量来进行估计。如果 T 是固定的，不论 N 有多大，则把这个模型扩展成带有被解释变量在时间上的滞后变量 Y_{t-1} 所导致的最严重的估计问题就是这两种估计量的估计都是不一致的（Hsiao，2003；Arrelano，2003；Baltagi，2005）。这是因为右边的变量 Y_{t-1} 与空间特定效应 μ 是相关的，且与解释变量是不相关的，而且干扰项是其中的一个基本条件，即回归分析中干扰项必须满足的要求。如果 T 是固定的，已经开发的三个程序可以消除估计的不一致性。

第一个且最受欢迎的程序就是广义矩估计法（GMM）。即在估计参数的真实值时，通过定义其必须满足的一系列矩条件并对其求解，可以得到一系列与 Y_{t-1} 相关但与误差项正交的外生变量，可以把这些外生变量作为 Y_{t-1} 的工具变量。爱瑞莱诺和邦德（Arrelano and Bond，1991）的这种差分 GMM 估计是基于进行一阶差分来消除特定空间效应之后的矩条件。通常，这种 GMM 估计量用变量 Y_1 至 Y_{t-2} 以及 X_1 至 X_{t-1}（$t \geq 3$）作为 ΔY_{t-1} 的工具变量。在实践中，可以证明一阶差分估计量并不能很好地拟合具有持续时间序列的数据。其解释是：在这些条件下，这些变量的滞后水平值域与一阶差分滞后被解释变量具有很弱的相关性。可以证明，与差分 GMM 估计量相比，布伦德尔和邦德（Blundell and Bond，1998）的系统 GMM 估计量则能增加估计的效率，而且有较小的有限样本偏误，因为这种系统估计量也充分地利用了水平方程的滞后一阶差分。通常，这种系统 GMM 估计量用变量 ΔY_1 至 ΔY_{t-2} 以及 ΔX_2 至 ΔX_{t-1}（$t \geq 3$）作为 Y_{t-1} 的工具变量。见巴塔赫（Baltagi，2005）对主要结果和主要参考文献的总结，且库肯诺娃和蒙泰罗（Kukenova and Monteiro，2009）进行了更为详细的数学推导。

第二个程序是基于模型的无条件似然函数的最大似然估计（ML）。对包含在时间上滞后一期的变量的回归方程进行估计，通常以其第一次的观测值为条件。然而，尼洛夫（Nerlove，1999）指出以这些初始值作为估计条件是不合适的，特别是当这个面板的时间维度很短时。如果在样本期内生成数据的过程是平稳的，这些初始值则会传递有关这个数据生成过程的大量信息，因为它们反映了这些数据在过去是如何产生的。如果考虑了观测值的每个时间序列的初始值的密度函数，则可以得到无条件的似然函数。这个程序已经成功地应用于具有水平形式的随机效应动态面板数据模型（Bhargava and Sargan，1983）。遗憾的是，当把这个程序运用到固定效应模型时，即使没有外生解释变量，也不存在无条件的似然函数。其原因就是固定效应的系数不能被一致估计，因为随着 N 的增加，这些系数的个数就会增加。对 Y 变量和 X 变量进行去均值来消除回归方程中的这些固定效应，这种标准的求解方法也不起作用。因为这种技术导致了在时间序列滞后被解释变量和去均值后的误差项之间存在一个（1/T）阶的相关，其被称为尼克尔（Nickell，1981）偏误。其结果就是共同的参数不能被一致估计。只有当 T 趋向于无穷大时，这种估计的不一致性才会消失。近年来，萧等（Hsiao et al.，2002）已经提出了另外一个用于固定效应动态面板数据模型的估计程序。这个程序对模型进行一阶差分来消除空间固定效应，然后再考虑一阶差分模型的无条件似然函数，它考虑了每一个横截面单位的第一个一阶差分观测值的密度函数。他们发现这种似然函数很容易被定义，这取决于参数的固定个数，且满足通常的正则性条件。因此他们得出结论：当 N 趋向无穷大时，无论 T 多大，ML 估计量都是一致估计且是服从渐近正态分布的。他们还发现 ML 估计量比 GMM 估计量在渐近方面更有效率。

第三个程序是偏误修正的 LSDV 估计量。当横截面的单位个数和时间点的个数在样本中趋向于无穷大，以至于 N 与 T 的比率存在，且其范围介于零与无穷大之间（$0 < \lim(N/T) < \infty$）（Kiviet，1995；Hahn and Kuersteiner，2002；Bun and Carree，2005）。唯一的问题是：在许多基于空间—时间数据的实证研究中，大多数相关的渐近被认为是 N 是趋向无穷大而 T 是固定的。当 T 固定时，必须通过一阶差分来消除特定的空间效应，然而当 T 趋向无穷大时，一阶差分是不需要的。

当把动态面板数据模型进行扩展使其包括一个序列自相关误差项 $\rho \neq 0$、时间滞后解释变量 X_{t-1} 或内生解释变量 Z_t 时，也会发生特定的问题。差分和系统 GMM 估计量的一致性取决于水平形式方程中的误差项不存在一阶序列自相关的假设，以及工具变量是严格外生的且对定义矩条件是有效的假设。爱瑞莱诺和邦德（Arrelano and Bond，1991）对在一阶差分残差中不存在二阶序列自相关的假设进行检验，进而表明水平形式方程的误差项是不存在序列自相关的。然而，对于单个空间单位的变量的观测值分别计算其在一年、两年以至于 $t-1$ 年之间的相关系数，其相关系数是很大的且随时间的减少是很小的（Elhorst，2008b）。因此，误差项不存在时间序列自相关的原假设经常被拒绝。一个补救的反应措施就是用以下方法对模型进行重新估计，这种方法假设使用一阶差分序列自相关过程来生成误差项，但是这种方法已经受到严厉的批评。当其出现不平稳性时，它并不会改进初始的模型。亨德利（Hendry，1995）认为：比较好的方法就是使用一个更为一般的模型，它包含了一系列内嵌特殊案例的模型。亨德利推荐的时间序列数据的一阶序列自相关模型的一般化形式就是一阶序列自回归分布滞后模型，它是一个线性动态回归模型，在这个模型中被解释变量 Y_t 是对变量 Y_{t-1} 和解释变量 X_t 以及 X_{t-1} 进行回归的。因为该原因，扩展的包括解释变量 X_{t-1} 的动态面板数据模型比扩展的包括序列自相关的动态面板数据模型更受欢迎。另一个原因是，计量经济学文献更关注那些对序列自相关和异方差都很稳健的协方差矩阵的估计量，它影响模型中解释变量的有关统计显著性的推断（Newey and West，1987；Greene，2008）。

如果一个或多个解释变量是内生的（Z_t），则需要为它们寻找工具变量。由于 GMM 估计量已经为 Y_{t-1} 建立了工具变量，因此，这种估计量很容易被扩展，使其包含其他的内生解释变量。当同时拥有内生解释变量和外生解释变量（Z_t 和 X_t）时，我们可以参照库肯诺娃和蒙泰罗（Kukenova and Monteiro，2009）是如何调整 GMM 估计量的。

21.2.2　在空间和时间上动态模型的分类

如图 21 – 1 所示，当对式（21.4）施加参数约束 $\tau = \eta = 0$ 且 $\beta_3 = \beta_4 = 0$ 时，可以得到空间杜宾模型。

图 21 – 2 介绍了几种已经混合了空间和时间上的动态性的不同模型。

模型 1	$\varepsilon_{t-1} + W\varepsilon_t$
模型 2	$Y_{t-1} + W\varepsilon_t$
模型 3	$Y_{t-1} + WY_t + WY_{t-1} + X_t + WX_t$
模型 4	$Y_{t-1} + WY_t + WY_{t-1} + X_t$，无 WX_t
模型 5	$Y_{t-1} + WY_{t-1} + X_t + WX_t$，无 WY_t
模型 6	$Y_{t-1} + WY_t + WY_{t-1} + X_t + WX_t$，对 WY_{t-1} 的系数施加限制
模型 7	$Y_{t-1} + WY_t + X_t + WX_t$，无 WY_{t-1}

图 21 – 2　文献中已经研究的动态空间面板数据模型

第一个系列的研究把误差项设定中的空间和时间混合在一起（即图 21 – 2 中的模型 1）。式（21.4）中允许变化的参数以及没有包括在这些研究中的参数都报告在以下内容。巴塔赫等（Baltagi et al.，2003）研究了具有随机效应模型的空间误差相关的检验（λ，μ；但没有包括 ρ，ξ，κ）。巴塔赫等（Baltagi et al.，2007）扩展了这个研究，使其包括了序列自相关（ρ，λ，μ；但没有包括 ξ，κ）。埃尔霍斯特（Elhorst，2008a）研究了具有序列和空间自相关的模型的 ML 估计（ρ，λ；但没有包括 μ，ξ，κ）。卡普尔等（Kapoor et al.，2007）研究了具有时间随机效应的空间误差模型的 GMM 估计（λ，ξ；但没有包括 ρ，μ，κ）。巴塔赫等（Baltagi et al.，2012）研究了模型误差项和空间随机效应中存在的空间自相关的检验（λ， μ，κ；但没有包括 ρ，ξ）。最后，蒙特斯·罗哈斯等（Montes - Rojas et al.，2010）研究了空间滞后模型中序列误差相关和空间随机效应的检验（δ，ρ，μ；但没有包括 ξ 和 κ）。这个简短的回顾说明，并不是对每一个模型的组合都进行了研究。然而，在这个方向上是否需要更多研究，仍是一个问题。第一，当对空间面板数据进行建模时，固定效应模型通常比随机效应模型更合适。第二，李和余（Lee and Yu，2010a）认为，相对于随机效应模型来说，固定效应模型更稳健，而且在计算方面更为简单。式（21.4）可以改写为 $\xi = (I_N - \kappa W)^{-1}\mu$。因此，如果把 μ 看作样本中每一个空间单位的固定效应的向量，则不需要估计参数 κ，也可以把 ξ 视为样本中每一个空间单位的固定效应的向量；同样地，如果把 μ 视为样本中每个空间单位的随机效应的向量，则不需要估计参数 κ，可以用样本中每个空间单位的固定效应向量 ξ 来替代 μ。换句话说，通过控制空间固定效应，可以自动地控制特定空间效应中的空间自回归，不管这些效应是固定效应还是随机效应且不需要估计这种形式的空间误差自相关数量的大小。第三，被解释变量 Y 和（或）解释变量 X 之间的空间互动效应通常比误差项之间的空间互动效应更重要，当忽略了 WY 和（或）WX 变量时，剩余参数估计量的估计则会失去一致性。相反，当忽略了误差项之间的空间互动效应 Wv_t 时，剩余参数估计量的估计则会"只"失去有效性。第四，并不能使用这些类型的模型来确定短期效应和间接效应（空间溢出效应）（见表 21 - 1 中的模型 2），这通常是分析的主要目标。

正如上面已经指出的，更为重要的是要发展那些对序列自相关、空间自相关和异方差都很稳健的协方差矩阵的估计量。纽伊和韦斯特（Newey and West，1987）对序列自相关和异方差都很稳健的协方差矩阵的一致估计量进行了推导。同样，凯莱健和普鲁查（Kelejian and Prucha，2010）对空间自相关和异方差都很稳健的协方差矩阵的一致估计量进行了推导。这两种估计量是否可以进行合并且用于面板数据模型，仍需要调查。佩萨兰和托塞蒂（Pesaran and Tosetti，2011）是第一个研究这种估计量的学者，然而这个研究估计了样本中每个空间单位的一个方程，它要求 T 很大，但是在很多空间—时间的研究中 T 通常是很小的，且没有考虑可决的回归方程中的 WY_t 和 WX_t 变量。这种方法在实践中是否可行，且当这个模型扩展到包括了 WY_t 和 WX_t 时其参数是否能被识别，这对未来的研究仍是一个很有趣的主题。

第二个系列的研究通过下列方式把空间和时间混合在一起：把可决的回归方程设定为一个动态面板数据模型，且把其随机误差项设定为空间误差模型（即图 21 -2 中的模型 2）。埃尔霍斯特（Elhorst，2005）研究了这

表21-1　不同模型的短期、长期和直接、间接（空间溢出）效应

模型种类	短期直接效应	短期间接效应	长期直接效应	长期间接效应	缺点
模型1：静态空间杜宾模型	—	—	$[(1-\delta W)^{-1}(\beta_{1k}I_N+\beta_{2k}W)]^{\bar{d}}$	—	无短期效应
模型2：空间和（或）时间滞后的误差项	—	—	β_{1k}	—	无短期效应与间接效应
模型3：动态模型+空间误差	β_{1k}	—	$\beta_{1k}/(1-\tau)$	—	无短期效应与间接效应
模型4：动态空间杜宾模型	$[(1-\delta W)^{-1}(\beta_{1k}I_N+\beta_{2k}W)]^{\bar{d}}$	$[(1-\delta W)^{-1}(\beta_{1k}I_N+\beta_{2k}W)]^{\overline{rsum}}$	$[((1-\tau)I-(\delta+\eta)W)^{-1}(\beta_{1k}I_N+\beta_{2k}W)]^{\bar{d}}$	$[((1-\tau)I-(\delta+\eta)W)^{-1}(\beta_{1k}I_N+\beta_{2k}W)]^{\overline{rsum}}$	—
模型5：$\beta_2=0$	$[(1-\delta W)^{-1}(\beta_{1k}I_N)]^{\bar{d}}$	$[(1-\delta W)^{-1}(\beta_{1k}I_N)]^{\overline{rsum}}$	$[((1-\tau)I-(\delta+\eta)W)^{-1}(\beta_{1k}I_N)]^{\bar{d}}$	$[((1-\tau)I-(\delta+\eta)W)^{-1}(\beta_{1k}I_N)]^{\overline{rsum}}$	对所有 X 的直接和间接效应的比例相同
模型6：$\delta=0$	$[(\beta_{1k}I_N+\beta_{2k}W)]^{\bar{d}}$	$[(\beta_{1k}I_N+\beta_{2k}W)]^{\overline{rsum}}$	$[((1-\tau)I-\eta W)^{-1}(\beta_{1k}I_N+\beta_{2k}W)]^{\bar{d}}$	$[((1-\tau)I-\eta W)^{-1}(\beta_{1k}I_N+\beta_{2k}W)]^{\overline{rsum}}$	无短期全局间接效应
模型7：$\eta=-\tau\delta$	$[(1-\delta W)^{-1}(\beta_{1k}I_N+\beta_{2k}W)]^{\bar{d}}$	$[(1-\delta W)^{-1}(\beta_{1k}I_N+\beta_{2k}W)]^{\overline{rsum}}$	$[\frac{1}{1-\tau}(1-\delta W)^{-1}(\beta_{1k}I_N+\beta_{2k}W)]^{\bar{d}}$	$[\frac{1}{1-\tau}(1-\delta W)^{-1}(\beta_{1k}I_N+\beta_{2k}W)]^{\overline{rsum}}$	不同时期同间接效应和直接效应的比例相同
模型8：$\eta=0$	$[(1-\delta W)^{-1}(\beta_{1k}I_N+\beta_{2k}W)]^{\bar{d}}$	$[(1-\delta W)^{-1}(\beta_{1k}I_N+\beta_{2k}W)]^{\overline{rsum}}$	$[(1-\tau)(1-\delta W)^{-1}(\beta_{1k}I_N+\beta_{2k}W)]^{\bar{d}}$	$[(1-\tau)(1-\delta W)^{-1}(\beta_{1k}I_N+\beta_{2k}W)]^{\overline{rsum}}$	—

注：$\bar{d}$ 表示计算矩阵对角线元素均值的运算符，rsum 表示计算矩阵非对角线元素行平均值的运算符。

种扩展包括了空间和时间固定效应的模型的 ML 估计。杨等（Yang et al.，2006）研究了这种扩展的包括了空间随机效应（没有特定时间效应）的模型的 ML 估计。实践已经证明：这种单独设定在时间上的可决的动态效应和不同空间单位在空间上的随机交互效应是非常有益的。首先，它提供了控制解释变量在时间上的滞后项 X_{t-1} 的机会，当考虑回归方程模型设定中而不是误差项设定中的不同空间单位在空间上的交互效应时，参数的识别要求取消变量 X_{t-1}（Anselin et al.，2008）。除此之外，也提供了调整误差项设定的机会，因此当用 ML 估计模型时（Elhorst，2008b），也可以控制内生变量 Z_t。其次，相对于那些没有控制空间自相关的动态面板模型来说，这些模型的预测效果更好（Elhorst，2005；Kholodilin et al.，2008b）。然而，这类模型的缺点是，并不能运用它们来确定间接效应（空间溢出效应）（见表 4 – 1 中的模型 2）。

第三个系列的研究考虑了扩展包含了动态效应的空间杜宾模型（即图 21 – 2 中模型 3），这些研究主要处理国家或地区之间的增长和收敛的问题（Ertur and Koch，2007；Elhorst et al.，2010）。在通常情况下，这些研究是用自己的经济增长对近邻的经济增长进行回归，或者用自己的初始收入水平对近邻的初始收入水平进行回归，用自己的储蓄率、人口增长、技术转变或折旧对近邻的相应变量进行回归。埃尔霍斯特等（Elhorst et al.，2010）的示例表明，这种经济增长模式可以用动态回归方程来表达：

$$Y_t = \tau Y_{t-1} + \delta W Y_t + \eta W Y_{i-1} + X_t \beta_1 + W X_t \beta_2 + v_t \qquad (21.5)$$

其可以称为动态空间杜宾模型。把这个模型改写为：

$$Y_t = (I - \delta W)^{-1}(\tau I + \eta W) Y_{i-1} + (I - \delta W)^{-1}(X_t \beta_1 + W X_t \beta_2) + (I - \delta W)^{-1} v_t$$
$$(21.6)$$

在特定的时间点上，从空间单位 1 到空间单位 N 的 X 中的第 k 个解释变量对应的 Y 期望值的偏导数矩阵可以写为：

$$\left[\frac{\partial E(Y)}{\partial x_{1k}} \cdots \frac{\partial E(Y)}{\partial x_{Nk}} \right]_t = (I - \delta W)^{-1} [\beta_{1k} I_N + \beta_{2k} W] \qquad (21.7)$$

这些偏导数表示一个特定空间单位中的特定解释变量发生一个单位变化在短时间内对其他所有空间单位被解释变量的效应。类似地，其长期效应可以写为：

$$\left[\frac{\partial E(Y)}{\partial x_{1k}} \cdots \frac{\partial E(Y)}{\partial x_{Nk}} \right]_t = \left[(1 - \tau) I - (\delta + \eta) W \right]^{-1} [\beta_{1k} I_N + \beta_{2k} W]$$
$$(21.8)$$

式（21.7）、式（21.8）说明，如果 $\delta = 0$ 且 $\beta_{2k} = 0$，则短期间接效应并不存在；然而，如果 $\delta = -\eta$ 且 $\beta_{2k} = 0$，则长期间接效应并不会发生。德巴里等（Debarsy et al.，2012）发现了类似的表达式且推导了某一经济体向其长期均衡移动的公式。

表 21 - 1 中报告的结果说明，可以使用这种动态空间杜宾模型（模型4）来确定短期和长期的直接效应以及短期和长期的间接效应（空间溢出效应）。使用式（21.7）和式（21.8）中的表达式来说明在以前研究中所提出的对参数施加一定约束的缺点也是可行的。

第一个约束就是 $\beta_2 = 0$（即图 21 - 2 和表 21 - 1 中的模型 5）（Yu et al.，2008；Lee and Yu，2010b；Bouayad - Agha and Vedrine，2010）。这种限制的缺点就是，人为地设定其局部间接效应（空间溢出效应）为零，因此，在短期和长期中对于每一个解释变量来说，其间接效应相对于直接效应来说都是相同的。如果对于一个变量来说，这个比率正好是 p%，则对其他任何变量来说，其比率也是 p%。这是因为该比率的分子和分母中的 β_{1k} 都被约掉了。例如，在短期效应中，第 k 个解释变量的比率的形式为：

$$\left[(I - \delta W)^{-1}(\beta_{1k}I_N)\right]^{\overline{rsum}} / \left[(I - \delta W)^{-1}(\beta_{1k}I_N)\right]^{\overline{d}} =$$
$$\left[(I - \delta W)^{-1}\right]^{\overline{rsum}} / \left[(I - \delta W)^{-1}\right]^{\overline{d}} \tag{21.9}$$

这说明它是独立于 β_{1k} 且对每一个解释变量都是相同的。当在长期效应中研究这个比率时也可以得到相同的结果。

第二个可能施加的约束是 $\delta = 0$（即图 21 - 2 和表 21 - 1 中的模型 6）（LaSage and Pace，2009；Korniotis，2010）。这种约束的缺点是矩阵 $\left[(I - \delta W)^{-1}\right]$ 退化为单位矩阵且把每个解释变量的全局短期间接效应（空间溢出效应）设置为零。换句话说，如果分析仅关注短期中的空间溢出效应，这个模型是不太合适的。

第三个可能施加的约束是 $\eta = -\tau\delta$（即图 21 - 2 和表 21 - 1 中的模型7）（Parent and LaSage，2010，2011）。这种约束的优点是，把解释变量一个单位的变化对被解释变量的影响分解成一个空间效应和一个时间效应：即其在不同空间上的效应对每一个更高阶的近邻来说是按照影响因子 δW 来递减的；其在不同时间上的效应对每一个下一期的时间段来说都是按照影响因子 τ 来递减的（其数学推导见 Elhorst，2010a）。缺点就是对每一个解释变量来说，其在不同时间上的间接效应（空间溢出效应）相对于直接效应来说都是相同的。在短期效应和长期效应中，第 k 个解释变量的比率的形式为：

$$\left[(I - \delta W)^{-1}(\beta_{1k}I_N + \beta_{2k}W)\right]^{\overline{rsum}} / \left[(I - \delta W)^{-1}(\beta_{1k}I_N + \beta_{2k}W)\right]^{\overline{d}}$$
$$\tag{21.10}$$

换句话说，在短期效应中对于一个变量的比率如果是 p%，则在长期效应中对于这个变量的比率仍是 p%。

第四个可能施加的约束是 $\eta = 0$（即图 21 - 2 和表 21 - 1 的模型 8）

（Franzese and Hays，2007；Kukenova and Monteiro，2009；Elhorst，2010b；Jacobs et al.，2009；Brady，2011）。尽管该模型也对间接效应和直接效应之间的比率的弹性进行了约束，但是它也是有最少约束的模型。我们需要进行更多的实证研究以发现事实是否确实如此。

21.3　估算的方法

　　文献中已经提出了三种方法用于估计混合了空间和时间上的动态性的模型。一个方法是偏误修正的最大似然（ML）估计量或准最大似然（QML）估计量，另一个方法是基于工具变量或广义矩的估计量（IV/GMM），最后一个方法是使用贝叶斯马尔科夫链蒙特卡罗实验（MCMC）的方法。这些方法是（部分）基于上一节中所讨论的一些研究。

　　余等（Yu et al.，2008）构建了一个用于具有空间固定效应的动态模型（Y_{t-1}，WY_t 和 WY_{t-1}）的偏误校正估计量。李和余（Lee and Yu，2010c）把这个研究进行了扩展，使其包括了时间固定效应。他们首先使用用于具有空间（和时间）固定效应的空间滞后模型的 ML 估计量来估计这个模型，因为存在解释变量 Y_{t-1} 和 WY_{t-1}，其估计以样本中每个空间单位的初始观测值作为条件。其次，他们对自己的 ML 估计量提供了一个严格的渐近理论，而且当样本中的空间单位的个数（N）和时间点的个数（T）都趋向于无穷大时，他们提供了一个偏误校正的 ML 估计量。因此，N 和 T 都存在一个限制，即其取值介于零和无穷大之间（$0 < \lim(N/T) < \infty$）。用李和余（Lee and Yu，2010b）的话说，这个条件就意味着"当 T→∞ 时，相对 N 来说 T 不能太小"。根据服从正态分布的误差项（ML）估计法和不依赖于正态分布假设的误差项（QML）可以分别推导出这个偏误校正的估计方法。在后一种情况中需要前四个矩条件（QML）。最后应该注意：当模型中删除了变量 WY_t 或 WY_{t-1} 时，也可以使用这种偏误校正的 ML 估计量。

　　埃尔霍斯特（Elhorst，2010b）分析了偏误校正 ML 估计量的小样本性质。出于这个目的，他用一个变量 WY_t 对萧等（Hsiao et al.，2002）提出的无条件 ML 估计量进行了扩展，此外，他还使用了巴尔加瓦和萨尔根（Bhargava and Sargan，1983）的近似方法，用这个方法可以决定样本中第一个一阶差分观测值的方差和期望值。他得出的一个结论就是，当使用无条件 ML 估计量时，变量 WY_t 的 δ 参数的估计仍然有很大的偏误。然而，如果 δ 参数的估计是基于偏误纠正的 ML 估计量且给定 δ，其他参数是基于无条件的 ML 估计量，则当 T 值很小时（T=5），这个所谓的混合估计量优于余等（Yu et al.，2008）提出的偏误校正估计量。

科尼奥提斯（Korniotis，2010）对具有空间固定效应的动态面板数据模型（Y_{t-1}，WY_{t-1}）构建了一个偏误校正 LSDV 估计量，同时假设 $0 < \lim(N/T) < \infty$，这个研究中的偏误校正方法不同于余（Yu et al.，2008）提出的方法，因为这个 LSDV 估计量并不必须考虑内生交互效应 WY_t。

许多研究已经考虑了 IV/GMM 估计量，它们建立在爱瑞莱诺和邦德（Arrelano and Bond，1991）、布伦德尔和邦德（Blundell and Bond，1998）之前的研究上。埃尔霍斯特（Elhorst，2010b）对爱瑞莱诺和邦德（Arrelano and Bond）的差分 GMM 估计量进行了扩展，使其包括了一个内生交互效应，且同时发现这种估计量仍然可能存在严重的偏误，特别是相对于变量 WY_t 的 δ 参数估计。他指出这个偏误为 0.061。对此的解释可以在李和余（Lee and Yu，2010b）中找到。他们发现类似于爱瑞莱诺和邦德（Arrelano and Bond）的 GMM 估计量（它是基于变量 Y_{t-1}，WY_{t-1}，X_t 和 WX_{t-1} 的滞后值）的 2SLS 估计量也是不一致的，这是因为它有太多矩阵，且发现主要的偏误是由内生变量 WY_t 而不是变量 Y_{t-1} 造成的。为了避免这些问题，他们提出了一个基于线性矩条件（它是一个标准的矩条件）和二次矩条件（它隐含了变量 WY_t，因此它在动态面板数据模型中不是标准的矩条件）的最优 GMM 估计量。他们还证明了这个最优的 GMM 估计量是一致估计，且当相对于 N，T 很小时，它也是一致估计。

库肯诺娃和蒙泰罗（Kukenova and Monteiro，2009）、雅各布斯等（Jacobs et al.，2009）同时研究了一个动态面板数据模型（Y_{t-1}，WY_{t-1}），并扩展了布伦德尔和邦德（Blundell and Bond，1998）的系统 GMM 估计量，使之考虑了内生交互效应（WY_t）。前者同时研究了内生解释变量 Z_t，后者则研究了空间自相关误差项 $W\varepsilon_t$。认为应该使用 GMM 估计量而不是传统的空间最大似然估计量的主要理由是可以利用前者来构建内生解释变量的工具变量（除了变量 Y_{t-1} 和 WY_t）。

以上两个研究发现系统 GMM 估计量可以大量地减少变量 WY_t，参数估计的偏误，且认为系统 GMM 估计量优于爱瑞莱诺和邦德（Arrelano and Bond）差分 GMM 估计量。这些研究的主要结论似乎认为，被李和余（Lee and Yu，2010b）发现的在理论上发生的偏误因为可能会被显著减少而在实践中变为可接受的。在雅各布斯等（Jacobs et al.，2009）的研究中，从平均上看，变量 WY_t 的 δ 的偏误是其真实值的 0.50%。另一方面，蒙特卡罗模拟实验只能包含有限数量的情形，因此并不能证明这些结果具有普遍性。例如，库肯诺娃和蒙泰罗（Kukenova and Monteiro，2009）只研究了变量 WY_t 的空间自回归系数 τ 的正值。而且，在许多情况下，这两种研究均发现偏误是相当大的。例如，当 T = 10，N = 50 且 6 = 0.3 时，库肯诺娃和蒙泰罗（Kukenova and Monteiro，2009）发现其偏误为 - 0.0219，或为其真实值的 7.3% 。相比较而言，如果不考虑误差项的空间自相关，对于变量 WY_t 的空间自回归系数 τ，雅各布斯等（Jacobs et al.，2009）则发现一个更大的偏误，其最高值为其真实参数值的 6.1% 。当校正了这种空间误差自相关之后，这种偏误就会大幅减少，但是表 4 - 2 中的空间自相关系数 λ 的偏误则会增加。

帕伦特和勒沙杰（Parent and LeSage，2010，2011）指出，贝叶斯 MC-MC 方法研究了感兴趣的每个参数基于其他参数的条件分布，它会简化一些计算。正如埃尔霍斯特（Elhorst，2001；2005；2010b）的研究，他们使用与巴尔加瓦和萨尔根（Bhargava and Sargan，1983）的近似方法，把第一个时期中的横截面视为内生性的。他们发现正确对待这些（内生的而不是外生的）初始值是很重要的，特别是当 t 很小的情况下。因为余等（Yu et al.，2008）和埃尔霍斯特（Elhorst，2010b）发现，对对数似然函数进行最大化则会导致变量 WY_t 的空间自回归参数台的有偏估计，当前者研究观测值的第一个横截面的对数似然条件且当后者研究无条件的对数似然函数时，贝叶斯 MCMC 估计量是否也存在偏误的问题就会出现。例如，当 T = 5，N = 50 且 δ = 0.7 时，帕伦特和勒沙杰（Parent and LeSage，2011）则发现其偏误为 0.0149，或为其真实参数值的 2.13% 。

如果证实 $\tau + \delta + \eta < 1$ 的条件不能满足，即这个模型是不稳定的，则动态空间面板数据模型的估计就变得相当复杂。为了消除变量 Y_t 中可能的不稳定成分，李和余（Lee and Yu，2010a），以及余等（Yu et al.，2012）提出了对空间一阶差分模型进行转换的方法，也就是说，对动态空间面板数据模型中的每个变量取其与其空间滞后值的离差。

在有关 62 个国家 1976 ~ 2005 年的金融自由化的研究中，埃尔霍斯特等（Elhorst et al.，2013）除了估计具有空间一阶差分的模型之外，还估计了水平值的动态空间面板数据模型。他们发现第一种模型的被解释变量的估计中具有不稳定的成分。然而第二种模型的系数估计却没有。到目前为止，这是为数不多的实证研究中的一个，这个研究发现进行空间一阶差分是获得一个稳定模型的有效工具。

巴塔赫和李（Baltagi and Li，2004）估计了一个香烟需求的模型，它基于美国 46 个州的面板数据，实际人均香烟的销售用达到吸烟年龄（14 岁及其以上）的人的人均吸烟的包数（C）来度量，用它对每包香烟的平均零售价格（P）和实际人均可支配收入（Y）进行回归。此外，所有变量都采取对数形式。然而巴塔赫和李（Baltagi and Li，2004）用前 25 年的数据进行估计并保留数据进行样本外预测。我们则使用 1963 ~ 1992 年的所有数据集。①

当用具有空间和时间固定效应的非动态空间杜宾模型时，表 21 - 2 的第一列报告了估计的结果。在前面分析中已经发现具有空间和时间固定效应的模型设定要优于没有空间和/或时间固定效应的模型以及具有随机效应的模型。

表 21 - 2 　　　　使用不同模型设定时对香烟需求的估计结果

决定因素	（1）具有固定效应的 非动态空间杜宾模型	（2）具有固定效应的 空间杜宾模型
$Log(C)_{-1}$		0.865 (65.04)
$W \times Log(C)$	0.264 (8.25)	0.076 (2.00)
$W \times Log(C)_{-1}$		-0.015 (-0.29)
$Log(P)$	-1.001 (-24.36)	-0.266 (-13.19)
$Log(Y)$	0.603 (10.27)	0.100 (4.16)
$W \times Log(P)$	0.093 (1.13)	0.170 (3.66)
$W \times Log(Y)$	-0.314 (-3.93)	-0.022 (-0.87)
R^2	0.902	0.977
LogL	1691.4	2623.3

注：括号内为 t 值。

非动态空间杜宾模型的主要缺点是：它不能用来计算解释变量的短期效应的估计。这一点在表 21 - 3 中更清楚，表 21 - 3 报告了表 21 - 2 中所列的模型相关效应的估计；由于非动态面板模型只报告了长期效应的估计，所以报告短期效应的方格都是空的。

---

① 这个数据集可以从网站 www. wiley. co. uk/baltagi/. 下载，同时改编的数据集可以从网站 www. regroningen. nl/elhorst. 下载。

表 21 - 3 使用不同模型设定时对香烟需求的效应估计

决定因素	(1) 具有固定效应的 非动态空间杜宾模型	(2) 具有固定效应的 空间杜宾模型
短期直接效应 Log(P)		-0.262 (-11.48)
短期间接效应 Log(P)		0.160 (3.49)
短期直接效应 Log(Y)		0.099 (3.36)
短期间接效应 Log(Y)		-0.018 (-0.45)
长期直接效应 Log(P)	-1.013 (-24.73)	-1.931 (-9.59)
长期间接效应 Log(P)	-0.220 (-2.26)	0.610 (0.98)
长期直接效应 Log(Y)	0.594 (10.45)	0.770 (3.55)
长期间接效应 Log(Y)	-0.197 (-2.15)	0.345 (0.48)

注：括号内为 t 值。

表 21 - 3 中的第一列所报告的两个解释变量的直接效应的估计都显著地异于零，且有预期的符号。更高的价格将会阻止人们去吸烟，而更高的收入水平对香烟的需求有积极的影响。价格的弹性为 -1.013 且收入弹性为 0.594。注意，这些直接效应的估计不同于表 21 - 2 中第一列所报告的系数估计 -1.001 和 0.603。这是因为出现了反馈效应，这种反馈效应是通过邻近的州来传递并把这种效应传回这个州自身。

这两个变量的空间溢出效应（间接效应估计）是负的且显著异于零。本州内部价格的上涨不仅会阻止本州内部的人去购买香烟，也会在一定程度上阻止在邻近的州购买香烟（其弹性为 -0.220）。相反，收入增加对本州内部香烟的消费具有正的影响，然而对邻近州香烟的消费具有负的影响。我们将讨论下面这种结果。值得进一步注意的是，没有空间和时间效应的非动态空间杜宾模型，对于价格的增加有一个正的空间溢出效应而没有负的空间溢出效应；而且这种正的结果与巴塔赫和莱文（Baltagi and Levin,

1992）的结果是一致的，他们发现特定州的价格的增加（由于税收的增加）会减少香烟的消费，且会限制非吸烟者转变为吸烟者的风险，即鼓励本州消费者到邻近州去寻找更加便宜的香烟，然而这种比较是无效的。其原因有两个：第一，尽管巴塔赫和莱文（Baltagi and Levin，1992）的模型是动态的，但它不是空间模型。他们只考虑了邻近州香烟的价格，却没有考虑任何其他空间交互效应。第二，尽管我们的模型包含空间交互效应，但它却（仍然）不是动态的。因为这些原因，研究我们的动态空间面板数据模型的估计结果是非常有意义的。

表21-3的第二列报告了动态模型的直接效应和间接效应，它包括短期效应和长期效应。其表现出来的短期效应远远小于长期效应，这与微观经济学理论是一致的。对于价格变量来说，其分别为 -0.262 对 -1.931；对于收入变量来说，其分别为 0.099 与 0.770。这是因为在价格和收入变量的变化完全设定之前，它还考虑了时间效应。动态空间杜宾模型中的长期直接效应（绝对值）看起来大于非动态空间杜宾模型中的长期直接效应；依次说来，对于价格变量来说，为 -1.931 对 -1.013；对于收入变量来说，为 0.770 和 0.594。显然，非动态模型低估了长期效应。可以发现，价格增加的短期空间溢出效应是正的，其弹性为 0.160，且是高度显著的（其力值为 3.49）。这些发现与巴塔赫和莱文（Baltagi and Levin，1992）的原始发现是一致的，因此本州香烟价格的上涨会鼓励消费者到邻近州去寻找更便宜的香烟。对于非动态空间杜宾模型来说，我们之前发现的价格增加的负的空间溢出效应说明了非动态的方法在这里并不合适。尽管具有更大的且正的效应，我们也不能够发现价格增加的长期空间溢出效应也是显著的实证事实。德巴西等（Debarsy et al.，2012）也发现了相似的结果。应该注意的是，可以使用由帕伦特和勒沙杰（Parent and LeSage，2010，2011）提出的贝叶斯 MCMC 估计量来估计模型的参数，然而我们使用了由李和余（Lee and Yu，2010c）提出的偏误校正的 ML 估计量。此外，那个研究中所使用的空间权重矩阵是基于每一个州与其邻近州的共同边界的长度，然而我们使用的是一个二值邻近矩阵。

由动态空间面板数据模型所得到的收入变量的长期空间溢出效应是正的，它说明一个特定州的收入变量的增加不仅对本州内部的吸烟具有正的影响，而且对邻近州也具有正的影响。此外，空间溢出效应小于其直接效应，这是有道理的，因为这个变化的效应在引发这种变化的地方很可能是比较大的。然而，收入增加的空间溢出效应是不显著的。德巴西等（Debarsy et al.，2012）也发现了类似的结果。有趣的是，在非动态空间面板数据模型中收入变量的空间溢出效应是负的且是显著的。显然，决定是否采用动态或非动态模型是一个非常重要的问题。相对于复杂的模型来说，一些研究者更喜欢简单的模型（奥卡姆剃刀原理）。复杂模型的一个问题就是过度拟合。实际上，过度复杂的模型受统计噪声的影响，而简单模型则能更好地捕捉基本的过程且可能有更好的预测性。然而，如果我们能够牺牲简单性来提高解释力，则复杂的模型可能是正确的模型。

为了调查把非动态模型扩展成动态空间面板数据模型能否增加模型的解释力，我们需要使用 LR 检验来验证变量 Y_{t-1} 和 WY_{t-1} 系数的联合检验是否显著。这个检验的结果是 $2 \times (2623.3 - 1691.4) = 1863.8$，其自由度为 2，这显然证实了可以使用具有动态效应的扩展模型。

可以使用偏误校正的 ML 或 QML、IV/GMM 或者贝叶斯 MCMC 方法来进行估计。然而，仍存在许多问题。第一个问题就是变量 WY_{t-1} 系数台的偏误，且并不是每一个方法都能够充分地解决这种偏误。第二个问题就是当 T 很小时，一些估计量的估计效果；把初始观测值视为内生的而不是外生的，在这些情况下，可能是有好处的。第三个问题是，并不是每一个估计量都能够处除了被解释变量在空间和（或）时间上的滞后变量之外的内生解释变量。最后一个问题是，施加于模型参数的平稳性条件并不总是能够被正确地处理。

动态空间面板数据模型通常有多种形式。但是，每种形式都有其自身固有的缺点。在实证分析中，采用何种形式要依赖于研究者所研究的问题，由研究者来选择合适的形式和估计方法才是比较合适的解决方案。

主要参考文献

[1] A. 斯图尔特·福瑟林汉姆，克里斯·布伦斯登，马丁·查尔顿. 计量地理学——空间数据分析透视 [M]. 王远飞，等，译. 北京：商务印书馆，2021.

[2] J. 保罗·埃尔霍斯特. 空间计量经济学：从横截面数据到空间面板 [M]. 肖光恩，译. 北京：中国人民大学出版社，2015.

[3] 毕硕本. 空间数据分析 [M]. 北京：北京大学出版社，2015.

[4] 郭仁忠. 空间分析：第二版 [M]. 北京：高等教育出版社，2001.

[5] 姜磊. 应用空间计量经济学 [M]. 北京：中国人民大学出版社，2020.

[6] 姜小三. 地理信息系统实验 [M]. 北京：国防工业出版社，2014.

[7] 勒沙杰，佩斯. 空间计量经济学导论 [M]. 肖光恩，译. 北京：北京大学出版社，2014.

[8] 林光平，龙志和. 空间经济计量：理论与实证 [M]. 北京：科学出版社，2014.

[9] 刘美玲，卢浩. GIS 空间分析实验教程 [M]. 北京：科学出版社，2016.

[10] 刘湘南，等. GIS 空间分析：第三版 [M]. 北京：科学出版社，2017.

[11] 卢卡·安瑟林. 空间计量经济学：方法与模型 [M]. 刘耀斌，等，译. 北京：社会科学文献出版社，2021.

[12] 马荣华，蒲英霞，马晓东. GIS 空间关联模式发现 [M]. 北京：科学出版社，2007.

[13] 迈克尔·D. 沃德，克里斯蒂安·格里蒂奇. 空间回归模型 [M]. 宋曦，译. 上海：格致出版社，上海人民出版社，2012.

[14] 曼弗雷德·M. 弗希尔，王劲峰. 空间数据分析：模型、方法与技术 [M]. 张璐，肖光恩，吕博才，译. 北京：中国人民大学出版社，2018.

[15] 沈体雁，于瀚辰. 空间计量经济学：第二版 [M]. 北京：北京大学出版社，2019.

[16] 沈体雁，等. 空间计量分析软件：GeoDa、GeoDaSpace 和 PySAL

操作手册 ［M］．北京：北京大学出版社，2019．

［17］苏世亮，李霖，翁敏．空间数据分析［M］．北京：科学出版社，2019．

［18］汤国安等．ARCGISt 地理信息系统空间分析实验教程：第三版［M］．北京：科学出版社，2021．

［19］陶长琪．空间计量经济学的前沿理论及应用［M］．北京：科学出版社，2020．

［20］王劲峰，廖一兰，刘鑫．空间数据分析教程：第二版［M］．北京：科学出版社，2019．

［21］王远飞，何洪林．空间数据分析方法［M］．北京：科学出版社，2007．

［22］王周伟，崔百胜，张元庆．空间计量经济学：现代模型与方法［M］．北京：北京大学出版社，2017．

［23］魏学辉，张超，沈体雁．空间计量分析软件：R 语言操作手册［M］．北京：北京大学出版社，2022．

［24］翁敏，李霖，苏世亮．空间数据分析案例式实验教程［M］．北京：科学出版社，2019．

［25］吴立新，等．空间数据可视化［M］．北京：科学出版社，2019．

［26］肖光恩．空间计量经济学——基于 MATLAB 的应用分析［M］．北京：北京大学出版社，2018．

［27］叶阿忠，等．应用空间计量经济学：软件操作和建模实例［M］．北京：清华大学出版社，2020．

［28］郑新奇．地统计学：现代空间统计学［M］．北京：科学出版社，2018．

［29］朱塞佩·阿尔比亚．空间计量经济学入门：在 R 中的应用［M］．肖光恩，吴炬辉，刘锦学，译．北京：中国人民大学出版社，2018．

［30］Anselin，L. Thirty years of spatial econometrics［J］. Regional Science，2010，89（1）：3－25．

［31］David O'Sullivan and David J. Unwin. Geographic Information Analysis（2nd ed）［M］. John Wiley & Sons，Inc，2010．

［32］O'Sullivan D，Unwin D J. Geographic Information Analysis：2nd ed. New Jersey：John Wiley & Sons，2010．